新・教職課程演習　第11巻

初等社会科教育

筑波大学人間系教授　　　唐木　清志　編著
広島大学大学院准教授　　永田　忠道

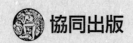協同出版

刊行の趣旨

　教育は未来を創造する子どもたちを育む重要な営みである。それゆえ，いつの時代においても高い資質・能力を備えた教師を養成することが要請される。本『新・教職課程演習』全22巻は，こうした要請に応えることを目的として，主として教職課程受講者のために編集された演習シリーズである。

　本シリーズは，明治時代から我が国の教員養成の中核を担ってきた旧東京高等師範学校及び旧東京文理科大学の伝統を受け継ぐ筑波大学大学院人間総合科学研究科及び大学院教育研究科と，旧広島高等師範学校及び旧広島文理科大学の伝統を受け継ぐ広島大学大学院人間社会科学研究科（旧大学院教育学研究科）に所属する教員が連携して出版するものである。このような歴史と伝統を有し，教員養成に関する教育研究をリードする両大学の教員が連携協力して，我が国の教員養成の質向上を図るための教職課程の書籍を刊行するのは，歴史上初の試みである。

　本シリーズは，基礎的科目９巻，教科教育法12巻，教育実習・教職実践演習１巻の全22巻で構成されている。各巻の執筆に当たっては，学部の教職課程受講者のレポート作成や学期末試験の参考になる内容，そして教職大学院や教育系大学院の受験準備に役立つ内容，及び大学で受講する授業と学校現場での指導とのギャップを架橋する内容を目指すこととした。そのため，両大学の監修者２名と副監修者４名が，各巻の編者として各大学から原則として１名ずつ依頼し，編者が各巻のテーマに最も適任の方に執筆を依頼した。そして，各巻で具体的な質問項目（Q）を設定し，それに対する解答（A）を与えるという演習形式で執筆していただいた。いずれの巻のどのQ&Aもわかりやすく読み応えのあるものとなっている。本演習書のスタイルは，旧『講座教職課程演習』（協同出版）を踏襲するものである。

　本演習書の刊行は，顧問の野上智行先生（広島大学監事，元神戸大学長），アドバイザーの大髙泉先生（筑波大学名誉教授，常磐大学大学院人間科学研究科長）と高橋超先生（広島大学名誉教授，比治山学園理事），並びに副監修者の筑波大学人間系教授の浜田博文先生と井田仁康先生，広島大学名誉教授の深澤広明先生と広島大学大学院教授の棚橋健治先生のご理解とご支援による賜物である。また，協同出版株式会社の小貫輝雄社長には，この連携出版を強力に後押しし，辛抱強く見守っていただいた。厚くお礼申し上げたい。

2021年4月

監修者　筑波大学人間系教授　　清水　美憲

広島大学大学院教授　　小山　正孝

序文

　本書は「新・教職課程演習　第11巻」『初等社会科教育』として刊行されるものである。

　本書の読者は，多くが小学校教員を目指す大学生である。みなさんはどのような先生になることを目指しているだろうか。そして，どのような社会科の授業を行ってみたいと考えているだろうか。「社会科は苦手」と考えている人がいたら，そのような方にこそぜひ，本書を読んでいただきたい。

　本書を企画し，編集作業を進める過程において，編著者である唐木清志（筑波大学）と永田忠道（広島大学）が常に考えたことは，どうしたら社会科教育の基礎・基本をわかりやすく，みなさんにお伝えできるかということであった。小学校社会科について，みなさんに理解して欲しいことは山ほどある。しかし，それらすべてを本書に収めることはできない。どうしても精選が必要であった。そうやって選び抜いたのが，本書の60項目である。これらの項目は，「第1章　社会科の目的・目標」「第2章　社会科の内容構成」「第3章　社会科の学習指導法」「第4章　社会科の学習評価法」「第5章　社会科に固有な『見方・考え方』」「第6章　社会科の学習上の困難点と指導の手立て」「第7章　社会科の教材研究の視点」「第8章　社会科の教師の職能成長」という8つの章という名の箱に収められている。各項目を別々に読まれても良いが，この箱は小学校社会科を理解するための重要な観点でもあるので，箱に収められた各項目を相互に関連づけながら読み進めることをお勧めする。

　また，本書の特徴として，小学校社会科に関わる60の重要項目を「問い」（Question）という形で示し，それぞれについて見開き3ページを割いて「回答する」（Answer）という「Q&A」の形式で構成されていることがある。みなさんは，小学校社会科において「問題解決的な学習」が大切にされていることをご存知だろうか。「①問題をつかむ→②問題について調べる→③問題を解決する」というのが，問題解決的な学習の一般的なプロセスであるが，本書を活用して実現される学びが，まさに問題解決的な学習である。「小学校社会科教育法」の講義を受ける中で，

みなさんはいくつかの疑問を感じることがあるだろう。そのような時には，本書を開いて，その疑問を解決していただきたい。また，教育実習で研究授業を終えた時に，大学での講義と学校現場における授業とのギャップに悩むことがあるかもしれない。そのような時にも，本書は役立ちそうである。さらには，大学院への進学を考えている方には，進学への準備をする段階で本書を開く価値がありそうである。学部での学びを振り返る，格好の機会になる。

　本書を通して学んで欲しいことは，社会科の「これまで」と「今」と「これから」である。1947（昭和22）年に誕生した社会科は，本書の刊行される2021（令和3）年で，74年を数える。これまでにさまざまに変化しながらも社会科は一貫して，望ましい社会づくりに積極的に参画できる市民の育成を目指してきた。また，社会科は今，新学習指導要領の全面実施により大きく変化を遂げようとしている。「主体的・対話的で深い学び」「社会的な見方・考え方」「カリキュラム・マネジメント」などを社会科授業にどう取り込むかは，教員及び学校の直面する喫緊の課題である。そして，社会科はこれから，どのように変化していくことが望まれているのか。将来を容易に予測できない現代社会において，未来の展望を切り拓き，社会科のあり方が探究され続けなければならない。これまでを知り，今を見つめて，これからを考える，このような「社会科教育法」の学びが必要とされているのである。そしてそれは，社会科授業が求める子どもたちの学びでもある。

　最後に，本書の執筆者に言及しておきたい。本書は，60の項目を一人が2項目ずつ担当しているので，合計で30名の執筆者が関わっていることになる。この30名はすべて，筑波大学或いは広島大学に縁のある方々，つまり，卒業生・修了生或いは附属小学校の教員である。社会科誕生以来，今日に至るまで，この二つの大学が日本の社会科教育研究及び実践を牽引してきたと言っても過言ではない。つまり，本書は日本の社会科教育研究及び実践の叡智の結晶である。最前線の研究成果を，感じ取っていただきたい。

　本書での学びを通して，一人でも多くの方が「社会科って面白い」「社会科って奥が深い」と思っていただくことを，大いに期待するものである。

2021年4月

編者　唐木清志・永田忠道

新・教職課程演習　第11巻
初等社会科教育

目次

第6章　社会科の学習上の困難点と指導の手立て

第7章　社会科の教材研究の視点

第8章　社会科の教師の職能成長

附録　主な参考文献

第１章　社会科の目的・目標

Q1 社会科の目的について述べなさい

1. 社会科の起源とその目的

　学校で「社会」という教科を教えるのはなぜだろうか。なぜ学校カリキュラムに「社会」という教科が創られたのか。この問いを考えるため，まずは社会科の起源に遡ってみよう。

　社会科が，公的な学校教科として成立したのは，1916年に出された「全米教育協会中等教育改造審議会社会科委員会報告書」においてであるとされる。当時，米国では，社会の急激な変化に対応した新しい教育の在り方が模索されていた。その改革の一環として新教科「社会科」が誕生したわけである。

　19世紀末から20世紀初頭の米国では，巨大資本をもつ多くの大企業が成長するともに，全米各地で科学技術の発展を背景にした急速な産業化や都市化が進みつつあった。また当時はアイルランド，南欧や東欧等からの移民に加え，中国や日本からの移民も急増していた。さらに，南北戦争後に奴隷身分から解放された黒人の多くが北部を中心した大都市へと移住した。移民や黒人は，経済の発展を下支えする一方で，劣悪な生活環境のもとに置かれ，就学もままならず働きに出る子供も数多く存在していた。

　こうした中で義務教育としての学校の果たす役割が見直され，新しい時代の要請に適う教育の姿，教科の在り方が求められることとなった。すでに改革前から歴史や地理，公民といった科目は存在していたが，授業時間数は少なく，カリキュラムに占める位置も相対的に低かった。また授業の実態として，教科書に書かれた歴史や地理に係る事実や出来事の記述を復唱・暗唱するような教育方法が採られることも多かった。社会の急激な発展と複雑化の進行に対し，学校は，変化する社会についての子供の素朴な疑問に答え，理解を深められるような教科目を持ち得ていなかったのである。

　さらに，当時の多くの移民は民主主義の未発達な諸外国に出自を持つことから，移民の子供たちに民主主義社会である米国の成り立ちを学ばせ，その

建設を担う人材へと育てることは不可欠の課題であった。様々な帰属集団や社会階層に属す子供たちの一人ひとりが自立した個人として政治や経済に関わり、自身の置かれた社会的境遇を改善することのできる術を与える教育が求められていた。すなわち教育を通じて、社会生活における幸福や福祉を増進させるよう、民主的な社会の形成に寄与することのできる資質、いわゆる「良き市民性」を育成するための教科が必要とされたのである。それこそが「社会科」が作られた目的であった。

先の「報告書」は、社会科とは「社会生活の本質および諸原則の理解」を通して「社会諸集団の成員としての責任感」「社会の福祉の増進に率先して参加する知性と意志」を培う教科であるとしている。つまり社会科は、社会生活に関する深い知識・理解を通して、民主的な社会の一員としての責任感や知性や意志といった能力・態度を育成する教科として形作られたわけである。

2．学習指導要領に見る社会科の目的

米国で誕生した社会科は、我が国においては、戦前からその影響を受けた実践が一部で見られたが、戦後の昭和22年版学習指導要領において初めて全国的に導入され、今日に至っている。では現在の社会科には、どのような目的や目標を見い出せるだろうか。現行指導要領の教科目標を見てみよう。

目標は、「社会的な見方・考え方を働かせ、課題を追究したり解決したりする活動を通して、グローバル化する国際社会に主体的に生きる平和で民主的な国家及び社会の形成者に必要な公民としての資質・能力の基礎を次のとおり育成することを目指す」としている。最終的に育成が目指されるのは、平和で民主的な国家・社会を形成するための「公民としての」資質・能力であることが確認できよう。またこの柱書きの目標に続いて、育成すべき資質・能力の三つの柱である (1)「知識及び技能」(2)「思考力, 判断力, 表現力等」(3)「学びに向かう力, 人間性等」に係る具体的な目標が記されている。

「知識」については、地域や我が国の地理的環境、歴史や伝統と文化、現代社会の仕組みや働きを通して社会生活についての総合的理解を図るとされ、「技能」は「社会的事象について調べまとめる技能」として、情報を収

集する・読み取る・まとめる技能を身に付けることが求められる。また「思考力，判断力」については，社会的事象の特色や相互の関連，意味を多角的に考える力，社会に見られる課題を把握して，その解決に向けて，学習したことを基に，社会への関わり方を選択・判断する力であるとされ，そうして考えたことや選択・判断したことを説明したり，それらを基に議論したりする「表現力」の育成が求められている。またこれら「知識及び技能」と「思考力，判断力，表現力」は，それぞれ独立に習得されるものではなく，社会的な見方・考え方を働かせ，課題を追究したり解決したりする「思考力，判断力，表現力等」の育成を図る活動を通して「知識及び技能」を身に付けていくという関係にあるとされる。

　「学びに向かう力，人間性等」の目標には，地域社会への誇りと愛情，地域社会の一員として自覚，国土と歴史に対する愛情や国民としての自覚等の態度が挙げられるが，それらについても，「よりよい社会を考え主体的に問題解決しようとする態度」という方法的態度の育成を基盤とし，社会的事象についての多角的な思考や理解を通じて育まれるべきものであるとされている。

　社会科は，社会づくりに参加する力，平和で民主的な社会を作り上げるために社会にかかわっていくことのできる自覚や態度の育成を目指すにしても，社会に関する知的な理解，すなわち社会生活を成り立たせている様々な個人・集団・組織の働きや，社会に見られる仕組みや制度の意味・意義などについての深い理解を促す，思考・判断・表現の活動を基盤とすることが求められていると言えるだろう。このように，社会科は，社会認識の形成を重視する教育と社会参加の力を育む公民教育という二つの性格を併せ持つ教科であるといえる。しかし，こうした社会科の折衷的な性格が，社会科のあるべき姿をめぐる様々な構想や論争を今日まで生み出してきている。

参考文献

片上宗二（1994）「社会認識と市民的資質」社会認識教育学会編『社会科教育学ハンドブック』明治図書，pp.67-76.

森分孝治（1994）『アメリカ社会科成立史研究』風間書房.

（溝口和宏）

Q2　社会科の歴史を辿りながら今日の社会科の特徴について述べなさい

1．社会科の目的とその初志

　日本において社会科は，戦前戦中の教育を払拭し，反省し，新しい民主主義社会を建設する一員を育成するための，中核教科として新設された。このことについて1947年の『学習指導要領社会科編（Ｉ）』では，「今度新しく設けられた社会科の任務は，青少年に社会生活を理解させ，その進展に力を致す態度や能力を養成することである」とし，次のように説明している。

　従来の我が国の教育，特に修身や歴史，地理などの教授において見られた大きな欠点は，事実やまた事実と事実とのつながりなどを，正しくとらえようとする青少年自身の考え方あるいは考える力を尊重せず，他人の見解をそのままに受け取らせようとしたことである。これはいま，十分に反省されなくてはならない。（中略）自主的科学的な考え方を育てて行くことは，社会科の中で行なわれるいろいろな活動にいつもくふうされていなければならない。（中略）特に社会科は，民主主義社会の建設にふさわしい社会人を育て上げようとするのであるから，教師はわが国の伝統や国民生活の特質をよくわきまえていると同時に，民主主義社会とはいかなるものであるかということ，すなわち民主主義社会の基底に存する原理について十分な理解を持たなければならない。

　このような目的の下で求められたのは，「青少年の社会的経験を，今までよりも，もっと豊かにもっと深いものに発展させていこうとする」問題解決学習に代表される初期社会科である。それは，学問的な知識を「のみ込ませることにきゅうきゅうとしてしまった」これまでの教育から，青少年の自主性・自発性を重んじ，「青少年の現実生活の問題を中心として，青少年の社会的経験を広め，また深めようとする」学習への大転換を図るものであった。そして「民主主義」という新たな価値の普及，目指すべき社会の建設に向け

て，青少年が主権者として自ら「民主主義をする」ことができるようになるための資質・能力の育成という大きな使命を担っていたのである。

2．社会科の変遷

しかしながら，その後の世界的な潮流や政治・経済・社会的な要請を受けて，上記の社会科の目的は継承されながらも，目指すべき学習の内実は，質的に大別して3つの転換期を経て変遷してきた。すなわち，科学的な「知識・技能」の重視へと転換した系統主義教育期，自ら学ぶ力としての「関心・意欲・態度」の重視へと転換したゆとり教育期，学んだ知識・技能を自らで活かせる「活用・探究力」の重視へと転換した脱ゆとり教育期の3つである。そして新たな転換期として今改訂においては，児童・生徒自らの「選択・判断」が重視されたことが重要であると考える。なお，これらの転換の中でも，社会科にとって特に大きな転機となったのは，系統主義への転換であろう。学問的，あるいは科学的知識・技能の獲得・習得が特に重視されたことで，「民主主義」も「学習対象」として位置づけられ，「する」ものではなく「知る」ものに矮小化されてしまったと考えられるからである。

今改訂の特徴として，本稿で特に「選択・判断」を挙げたのは，今回新たに加わった事項の中でも，社会科の特徴として極めて重要であると考えるからである。それは，系統主義教育期以降，多くの社会科授業が「民主主義を教え，学ばせる」ことに注力してきたのに対し，「民主主義をする」社会科，すなわち1947年の『学習指導要領社会科編（I）（試案)』が目指した社会科への，いわば原点回帰へと導くものでもあると考えられるからである。

3．「選択・判断」を通して，自ら「民主主義を考え，する」社会科へ

ただし，単なる原点回帰ではよりよい改訂とは言えない。「民主主義をする」だけではなく，「民主主義を考え，する」社会科へと発展させることが肝要である。民主主義社会においては，一人ひとりが自立（律）的によりよい意思決定を行えることが重要である。そのために，小学校社会科が育むべき公民としての資質・能力の基礎とは，より正しく，よりよい「選択・判断」

ができるようになるための資質（あるいは徳）・能力（知識・技能）である。つまり，社会科において目指すべきゴールは，これまでの改訂で重視されてきた自ら学ぶ力でも，学んだ知識や技能を自ら活かすことのできる力でも足りないのである。それらを，より正しく，よりよく使える判断力が重要なのである。そのために必要なことは，社会的事象の意味や価値が正しく判断できることである。そこで，今改訂で新たに追加された「選択・判断」が重要な役割を果たすのである。

　人が何かを選択，判断する時には，必ず「理由」がある。社会的事象が存在するそれぞれの「理由」こそが，その事象の意味や価値である。意味や価値がわかって初めて，児童自身もそれを「選択」すべきか否か，主体的に判断することができるはずである。

　系統主義へ転換して以降社会科は，民主主義を懸命に教えてきた。しかし本当に重要なことは，民主主義を児童自らが選択するか否かであり，そう判断する理由は何なのか，ということである。そのためにも，民主主義だけではなくあらゆる社会的事象について，それらの，意味や価値（理由）を考える思考習慣を身につけさせることが重要である。加えて，自分たちはどんな社会で生きたいのか，それを実現するためにはどんなシステムが必要なのか，そこで一人ひとりはどうあるべきなのか，といったことを児童自らが考え，何を何のために選択すべきかを考察する。このプロセスこそが，民主主義において求められる市民のあり方を主体的に選択・判断し，実践することへとつながる公民としての資質・能力の基礎を育むのではないだろうか。

参考文献

文部省（1947）『学習指導要領社会科編（I）（試案）』https://erid.nier.go.jp/files/COFS/s22ejs1/chap1.htm　2021年2月8日最終閲覧.

伊藤実歩子（2017）「小学校の社会科教育の指導方法に関する一考察−経験主義教育の歴史」『立教大学教育学科研究年報』60号, pp.25-40.

（坪田益美）

Q3 小学校の教育課程における社会科の位置付けについて述べなさい

1．教育課程における教科の位置付けと果たす役割

（1）諸規定にみる教育課程と教科

　教育課程とは，「学校教育の目的や目標を達成するために，教育の内容を子供の心身の発達に応じ，授業時数との関連において総合的に組織した学校の教育計画」である。このうち，内容は文部科学大臣が公示する「学習指導要領」に，時数は各教科等及び学年の総授業時数の標準として規定されている。

　教科は，義務教育として行われる普通教育の目的及び目標を踏まえ，内容の特色に基づくまとまりとして教育課程を編成する。この中で社会科は，各教科等の二番目に位置づく，「公民としての資質・能力の育成」をはかる目標，及びこれを支える系統的な学習内容及び方法からなる教科である。

（2）教育課程編成の規準としての学習指導要領

　教育課程を構成する各教科等のあり方を規定した規準が「学習指導要領」である。この構成は，教育課程の編成，実施について各教科等にわたる全般的な規定を記した第一章総則と，各教科等の目標，内容，内容の取扱いを規定した第二章以降からなる。教育課程における教科の位置づけを考える際には，異なる系統性を有する各教科等が，教育課程編成に関する諸規定を踏まえつつ，全体として学校教育の目的，目標を実現できるかという観点が欠かせない。各教科等は学校段階の接続を見通した学習内容を有する「縦糸」である一方，総則は各学年や学校段階において各教科等を横断し，子どもの生活実態や課題意識を生かした学習を実現するための理念や方針を示す「横糸」といえよう。この二つの「糸＝意図」を織り込んだ重なりと広がりに，各学校とこれを取り巻く家庭や地域に根ざした教育課程が成立する。

2．「社会に開かれた教育課程」実現に向けた改善事項

（1）「カリキュラム・マネジメント」の必要性

　2017（平成29）年改訂学習指導要領では，総則の構成に抜本的な変更が加えられた。これからの学校教育のあり方を構想するにあたり，教育課程は，学校と社会が新しい時代を担う次世代に求められる資質・能力観を共有し，連携・協働して実施にあたるものになる。こうした「社会に開かれた教育課程」実現のカギとなるのは，教育課程を軸に学校教育の評価・改善の循環を生み出し，一層の充実を図る「カリキュラム・マネジメント」である。

（2）総則にみる「カリキュラム・マネジメント」六つの観点

　この考え方は，総則の構成と対応し，以下の①〜⑥の観点から教育課程の枠組み全体を通じた構想とその実践を必要としている。

① 「何ができるようになるか」は，教育目標と育成すべき資質・能力の明確化をはかった。教育課程全体で計画的に育む，各教科等の特徴的な学習内容や学習方法を反映した資質・能力を三つの柱に基づき示している。

② 「何を学ぶか」は，各教科等横断的な視点での教育課程の編成の在り方を示す。各教科等の「見方・考え方」を踏まえ，これらを横断した視点だけでなく，学校段階間の接続にも配慮するなど構造的に提示されている。

③ 「どのように学ぶか」は，各教科等の特質に合わせた単元や題材を設定し，その追究と目的・目標への到達に必要とされる授業計画の設定を通して，「主体的・対話的で深い学び」実現の方策を示している。

④ 「何が身に付いたか」は，①〜③に示された指導過程とその改善を含む，「指導と評価の一体化」による学習評価の充実を目指す必要を示している。

⑤ 「個々の子供の発達をどのように支援するか」は，全ての子どもの発達や学習を保障するための支援を，各教科等を通じて必要としている。

⑥ 「実施するために何が必要か」は，「チームとしての学校」の果たす機能の一部として，「カリキュラム・マネジメント」を家庭・地域との連携・協働の下で実施するための人的又は物的な体制の充実を求めている。

3．「社会に開かれた教育課程」における社会科の位置付け

（1）教科の特質を引き出す「カリキュラム・マネジメント」

初等社会科は，教科の目標・内容・内容の取り扱いに示された資質・能力の三つの柱に基づく授業実践を通して，教育課程全体で実現する目的に資する役割を担う。そのためには，「見方・考え方」に示された教科の特質を明確にしつつも，「横糸」として他教科等との接続を図り，各学校段階での教育課程全体で育成が目指される資質・能力獲得への見通しが必要となる。同時に，「縦糸」として，接続する中等社会諸教科それぞれの有する「見方・考え方」に貫かれた目標達成に向けた学習の充実を実現しなければならない。

（2）他教科・領域との接続

初等社会科には，環境教育や法教育，グローバル教育といった他教科等との関わりが深い学習内容，及び地域にある外部資源を活用した調査・見学を重視した学習方法が含まれる。「総合的な学習の時間」では，子どもの関心に基づく探究のための問いを見出す場である実生活や実社会の捉えは，社会科を通じて獲得する部分が大きい。同様に，主体的・協働的に取り組む学習場面での言語活動の充実を図るためには，各教科等を横断した学習経験の活用が必須となる。また，「特別の教科　道徳」との関連では，総則及び内容の取り扱いにも示されたように，道徳的な価値の自覚及びその実践といった面から，社会科の特質を生かしつつ計画的に授業実践へと取り入れる必要がある。

（3）中等教育における社会諸教科との接続

初等社会科は，学習主体自らの生活経験から出発し，学校が連携する家庭や地域社会そのものを考察対象としている。また，問題解決的な学習の展開や資料の読み解きといった社会科に特徴的な学習方法は，自然災害への備えやSDGsといった教科横断的な課題と向き合い，解決策を探る過程での学びにおいても発揮される。こうした特色を活かしつつ，教育課程全体を通じた学びと接続する初等社会科のあり方とその実践の構想が一層求められる。

参考文献

合田哲雄（2019）『学習指導要領の読み方・活かし方』教育開発研究所.

（佐藤　公）

Q4　社会科の目標に示された公民としての資質・能力について述べなさい

1．資質・能力の意味

　2020年から始まる教育課程で育成を目指す資質・能力は，「思考力」を中核として，思考力を支える「基礎力」と，思考力の使い方を方向づける「実践力」の三種類の力が，入子の構造で組み立てた総合型の資質・能力である。

　資質・能力という理論的な目標を学校教育の各教科で実際に育成するために，資質・能力の中身は，さらに「何を理解しているか（「知識・技能」の習得）」，「理解していること・できることをどう使うか（「思考力・判断力・表現力」の育成）」，「どのように社会・世界と関わり，よりよい人生を送るか（「学びに向かう力・人間性等」の涵養）」という「三本の柱」に具現化された。

2．公民としての資質・能力の基礎

　社会科の新学習指導要領における「公民としての資質・能力」は，教科の目標における「公民的資質」の趣旨を引き継いだものである。これまでの公民的資質は，「平和で民主的な国家・社会の形成者としての自覚，自他の人格をお互いに尊重し合うこと，社会的義務や責任を果たそうとすること，社会生活の様々な場面で多面的に考えたり，公正に判断したりすること」などの態度や能力として捉えられてきた。公民としての資質・能力は，前述した総合型の資質・能力の枠組みに依拠しながらも，「広い視野に立ち，グローバル化する国際社会に主体的に生きる平和で民主的な国家及び社会の有為な形成者に必要な資質・能力」と定義された。小学校社会科では，こうした「公民としての資質・能力の基礎」の育成が求められている。

　なお，「広い視野に立ち」は，中学校社会科の目標から登場する文言であり，中学校社会科における三分野制の内容構造と子どもの社会経験の拡大及び思考の多様化などを対応するために，小学校社会科との接続・発展を意識

した表現である。「グローバル化する国際社会」は，人間，資本，情報など
の国際的移動や，企業や国家を含む様々な集合体の役割の増大などを特徴と
する国際社会を指している。「有為な」形成者は，18歳選挙権の施行を念頭
に置いて，民主的な政治に参画する国民としての資質・能力を踏まえた表現
である。

3．社会科における公民としての資質・能力の内容構成と位置づけ

　小学校社会科で育成しようとする「公民としての資質・能力の基礎」は，
前述した社会科固有の教科内容をもとに更新された上，「知識及び技能」，
「思考力，判断力，表現力等」，「学びに向かう力，人間性等」という資質・能
力の三本の柱に沿って明確化された。「知識及び技能」の柱は，「社会的事象
等に関する理解などを図るための知識と社会的事象等について調べまとめる
技能」として構成された。「思考力，判断力，表現力等」の柱は，「社会的事
象等の意味や意義，特色や相互の関連を考察する力，社会に見られる課題を
把握して，その解決に向けて構想する力や，考察したことや構想したことを
説明する力，それらを基に議論する力」として構成された。「学びに向かう
力，人間性等」の柱は，「主体的に学習に取り組む態度と，多面的・多角的な
考察や深い理解を通して涵養される自覚や愛情など」として構成された。
　資質・能力における三本の柱は，小学校社会科の教科目標（1）（2）（3）と
各学年の目標（1）（2）（3）に対応しており，各学年の目標に対応してそれ
ぞれの教科内容（学習テーマ）が編成されている。「資質・能力（三本の柱）
−目標（教科・各学年）− 内容（テーマ）」という内容構成の段階性から，三
本の柱から構成された公民としての資質・能力は，小学校社会科の方向性を
示すとともに，教科内容の骨格を形作る枠組みであることが確認される。

4．資質・能力を育成する方法

　資質・能力の育成を図るために，各「柱」に適した学習内容と指導方法を
用いなければならないことは言うまでもない。また，総合型の資質・能力に
おける三本の柱は相互に関連しながら，資質・能力の総体を構成したため，

三本の柱の枠で設定された社会科の目標及び各目標に対応して編成された学習内容も，実際に関連付けながら展開されることが求められる。

　「知識及び技能」の習得を図る際に，社会的事象の関係性などを示すような汎用性の高い概念的知識，そして社会的事象の分析や考察に役立つスキル（地図の読図や作図，情報の収集・処理といった具体的な技術から，比較・分類や関連付けなどの思考技法までを含む）を習得させることが重要である。「知識及び技能」の上に，「思考力，判断力，表現力等」や「学びに向かう力，人間性等」の育成を図る際に，社会的事象の意味や関連及び社会に見られる課題の把握や解決を取り入れた主体的・対話的な学習活動が求められる。

　主体的・対話的な学習活動においては，概念的知識を機械的に学習させるより，社会的事象の関係性や社会的課題から生成される「問い」，つまり「事象Aと事象Bがどのように関係するのか」「なぜ事象Aと事象Bが関係するのか」「事象Aのような社会的課題をどのように解決したらいいのか」というような「問い」に作り替えて，問題解決的な学習方式で子どもに追究させる過程が重要である。そのために，問いを主体的に追究していく中で，子ども同士が学び合う関係を築き，様々な知識やスキルを習得するとともに，多角的な考察や思考を積極的に働かせるような授業設計が求められる。

　資質・能力の育成を目指す上記の追究過程を底支えるのは，学習活動に対する子どもの興味・関心である。興味・関心から問題意識が生まれて初めて，子どもが主体とした追究活動が可能になる。子どもの興味・関心を喚起するために，学習活動に対する適切な動機づけや方向づけが求められる。また，その興味・関心を学習過程において維持・向上させるために，追究活動の見通しを子どもに持たせることや追究過程を振り返らせることによって学習効果から生まれる達成感を子どもに体感させることが必要であろう。

参考文献

文部科学省（2018）『小学校学習指導要領（平成29年告示）解説社会編』日本文教出版.

（呂　光暁）

Q5 社会科の目標における「知識・技能」について述べなさい

1．小学校社会科における「知識・技能」の概要

　2017（平成29）年改訂の学習指導要領では，教育課程全体を通して育成を目指す資質・能力が３つの柱に整理され，それに沿って各教科・領域における目標及び内容の具体化が行われた。「知識・技能」は，この３つの柱の１つである。より具体的に言えば，「生きて働く「知識・技能」の習得」であり，それは「何を理解しているのか，何ができるか」という問いに置き換えるとイメージしやすいだろう。

　社会系教科における「知識・技能」は，「社会的事象等に関する理解などを図るための知識と社会的事象について調べまとめる技能」と整理された。その中の小学校社会科における「知識・技能」は，「地域や我が国の国土の地理的環境，現代社会の仕組みや働き，地域や我が国の歴史や伝統と文化を通して社会生活について理解するとともに，様々な資料や調査活動を通して情報を適切に調べまとめる技能を身に付けるようにする」と示されている。これは，「理解する」の前後で前半と後半に分かれており，前半が「知識」，後半が「技能」となっている。それぞれ詳しくみていこう。

　小学校社会科における「知識」は，「地域や我が国の国土の地理的環境」「現代社会の仕組みや働き」「地域や我が国の歴史や伝統と文化」の３つが具体的な内容として想定されている。それらの内容に関する学習を通して，人と人，人と社会の関わりによって成り立つ「社会生活」について総合的に理解を図ることが目指されている。上記の３つの内容は，中学校社会科で学ぶ内容を考慮してつくられた３つの枠組みに依拠して構成されている。その枠組みとはすなわち，「地理的環境と人々の生活」「歴史と人々の生活」「現代社会の仕組みや働きと人々の生活」である。

　このように「知識」は内容という観点から検討されることが少なくない。

一方，特定の事実や過程についての知識（事実的知識），特定の事実や過程を超えた傾向性についての知識（概念的知識）のように，質という観点から「知識」を検討することも重要である。

　「技能」（小・中・高等学校において共通）は，「情報を収集する技能」「情報を読み取る技能」「情報をまとめる技能」の３つが想定されている。具体的にみていこう。「情報を収集する技能」は，調査活動や諸資料の活用など手段を考えて問題解決に必要な社会的事象の情報を集める技能のことである。「情報を読み取る技能」は，集めた情報を「社会的事象の見方・考え方」に沿って読み取る技能のことである。「情報をまとめる技能」は，読み取った情報を問題解決に沿ってまとめる技能のことである。

　以上のような小学校社会科における「知識・技能」は，各学年の目標及び内容の中で，より具体的に示されている。

2.「知識」と「技能」の関係付け

　ここまでみてきた「知識・技能」の説明の形式に着目すると，資質・能力の３つの柱は「○○，△△」，社会系教科は「○○と△△」，小学校社会科は「○○とともに，△△」といったように，並列に示されていることがわかる。つまり，「知識」と「技能」は分断されてそれぞれ説明されており，それらの関係について明確に言及されていない。そこで，「知識」と「技能」が一つに括られている意味を改めて考えてみたい。

　「技能」の１つに「集めた情報を「社会的事象の見方・考え方」に沿って読み取る技能」というものがあった。「知識」と「技能」を関係付ける鍵は，この中にみられる「社会的事象の見方・考え方」である。この「社会的事象の見方・考え方」とは，「位置や空間的な広がり」「時期や時間の経過」「事象や人々の相互関係」などの「視点（見方）」と，「比較・分類する」「総合する」「関連付ける」などの「方法（考え方）」であるとされている。この「視点」は，小学校社会科の目標における「知識」と照らし合わせると，対応関係にあることがわかる（例：「時期や時間の経過」という視点と「地域や我が国の歴史や伝統と文化」に関わる「知識」）。

このことから，「視点」を含み込んだ「技能」により情報を読み取ることでそれに対応する「知識」を習得できるという，「知識」と「技能」の関係が見いだせる。また，この関係が意識されることによって，単なる「知識」の伝達ではない，子どもが主体的に情報を読み取る中で「知識」を獲得する，さらに，「知識」を創造する学習へと変化していくことが期待される。

3.「知識・技能」とそれ以外の資質・能力の関係付け

子ども主体で「知識」を獲得する，もしくは，創造する学習を目指す際，「知識・技能」のみで完結することはなくなる。概念的知識の獲得を目指す学習と社会への関わり方の選択・判断を目指す学習を例に考えてみよう。

概念的知識の獲得には，「社会的事象の見方・考え方」を働かせて，事実的知識を比較・分類したり，総合したり，関連付けるという思考，その結果を説明するという表現が必要となる。加えて，社会的事象について，主体的に学習の問題を解決しようとする態度も重要である。

社会への関わり方の選択・判断には，その基となる理由や根拠をつくるために知識を整理（再構成）する思考，多角的な視点からの選択・判断，それらの結果を説明したり，議論したりする表現が必要となる。加えて，よりよい社会を考え学習したことを社会生活に生かそうとする態度も重要である。

以上のように，「思考力・判断力・表現力等」や「学びに向かう力，人間性」との関係づけを意識することが不可欠となってくる。3つの資質・能力は，一見するとそれぞれが要素的にみえる。しかし，「深い学び」を実現するためには，意識的にそれらを相互に関係付けて考える必要があるだろう。

参考文献

廣嶋憲一郎（2019）『主体的・対話的で深い学びを実現する 社会科授業 教材・実践・評価のアイデア』教育出版.

文部科学省（2018）『小学校学習指導要領（平成29年告示）解説社会編』日本文教出版.

（岡田了祐）

Q6　社会科の目標における「思考力，判断力，表現力など」について述べなさい

1．「思考力，判断力，表現力など」に関する目標規定

　小学校社会科では，公民としての資質・能力の基礎として，次の「思考力，判断力，表現力など」の育成を目標の柱の一つとしている。

①社会的事象の特色や相互の関連，意味を多角的に考える力（思考力）。

②社会に見られる課題を把握して，その解決に向けて社会への関わり方を選択・判断する力（判断力）。

③考えたことや選択・判断したことを適切に表現する力（表現力）。

　これらは，『学校教育法』第30条，『小学校学習指導要領社会編』第2章第1節1「教科の目標」(2)に規定されている。その中で，「思考力，判断力，表現力など」は，知識，技能を習得，活用して課題を解決するために必要なものとして位置づけられている。また，系統的，段階的に育成していくことが求められており，児童の発達段階を第3・4学年と第5・6学年の2学年ごとのまとまりで捉えて具体目標が設定されている。

2．小学校社会科において育成する「思考力，判断力，表現力など」とは

（1）何をどのように考える力を育成するのか

　小学校社会科では，思考力として，下記の3つの事柄について，他の事象と比較・分類したり，総合したり，関連付けたりして考える力を育成する。

①社会的事象の特色…地域社会，我が国の国土と産業，政治と歴史と国際理解に関する社会的事象の特徴や傾向，そこから見いだされる良さを考える。

②社会的事象の相互の関連…生産者の工夫と消費者の工夫との関連，関係機関の相互の連携や協力，国会・内閣・裁判所の相互の関連など，事象と事象がどのようにつながり，関わり合っているのかを考える。

③社会的事象の意味…産業が国民生活に果たす役割，情報化が国民生活に及ぼす影響，国民生活の安定と向上を図る政治の働きなど，①②で捉えた社会的事象の社会における働き，国民にとっての役割を考える。

これらを育成する際は，学年が上がるにつれ，複数の立場や意見を踏まえ，多角的に考えることができるようにする。

例えば，生産の仕事については，第3学年では，地域に見られる生産の仕事が消費者の願いに応えて営まれ，地域の人々の食生活を支えていることを考える。それに対して，第5学年では，温室等の設備による出荷時期の工夫や「受粉に生き物の力を借りる」などの生産性や品質を高める工夫を生産者や低価格のものを求める消費者の立場からだけでなく，「人や環境に優しい物を選びたい」などの安全性や環境への負荷の軽減を求める消費者の立場からも考え，これからの食糧生産の発展に向けて自分の考えをまとめることができるようにする。

（2）何をどのように判断する力を育成するのか

小学校社会科では，判断力として，社会的事象の仕組みや働きを学び，知識を得る中で出会う現代社会の課題について判断する力を養う。児童が判断する課題には，地域社会における安全の確保，良好な生活環境の維持，資源の有効利用，自然災害への対策，伝統や文化の保存・継承，国土の環境保全，産業の持続的な発展，国際平和の構築などがあげられる。

これらの課題の解決に向けて，私達はどうすればよいかを考え，自分達に協力できることなどを選び出し，自分の意見や考えとして決めることができるようにする。また，学年が上がるにつれ，よりよい社会とはどのようなものか，これからは何を大切にし，今は何を優先すべきかとより良い発展に向けて現実的な協力を判断する力を養う。

例えば，環境に関する学習については，第4学年では，廃棄物処理に関する様々な関係機関の相互の連携や県内外の人々の協力が，衛生的な処理や資源の有効利用に果たす役割を考える。それに対して，第5学年では，林業従事者，行政，NPO法人などの様々な立場から行われている森林資源を守る取り組みを調べた上で，自然に手を加えながら管理して人間のために自然を

守る「保全」と，自然に手を極力加えずに自然のために自然を守る「保存」といった自然に対する異なる関わり方を踏まえ，国土の自然環境について考える。そして，天然林だけでなく人工林を守ることが大切だと判断したり，自分にできることとして，苗木を植える体験への参加，林業の発展につながる木を使った製品の積極的購入などを選択したりする。

（3）何をどのように表現する力を育成するのか

小学校社会科では，表現力として，観察や見学，聞き取りなどの調査活動や体験活動，地図帳や地球儀，統計や年表などの各種の基礎的資料を通して調べたことや理解したこと，それに対する自分の考えや選択・判断を説明する力を養う。その際，資料などを用いて作品などにまとめたり，文章で記述したり，白地図や図表などに表したり，コンピューターを適切に活用したりして，根拠や理由を明確にして論理的に説明できるようにする。また，学年が上がるにつれ，それらを基に自分の考えを主張し合ったり，他者の主張につなげたり，互いの立場や根拠を明確にして討論したりして，社会的事象について議論する力を養う。

例えば，第6学年では，単に調べて分かったことをもとに考えたことを話し合うにとどまらず，「天下統一に向けての働きがより大きかったのは信長か秀吉か」などのテーマを決め，それぞれの立場からパネルディスカッションをして意見や理由を述べ合うことがあげられる。

参考文献

北俊夫（2017）『「思考力・判断力・表現力」を鍛える新社会科の指導と評価』明治図書.

文部科学省（2018）『小学校学習指導要領（平成29年告示）解説社会編』日本文教出版.

北俊夫（2020）『新しい社会6 歴史編』東京書籍.

（西川京子）

Q7 社会科の目標における「学びに向かう力・人間性等」について述べなさい

1. 学校教育法第30条第2項に対応した目標の設定

　2017（平成29）年に改訂された学習指導要領では，その「上位法」である学校教育法第30条第2項に対応した形で目標の設定が行われた。学校教育法第30条第2項で示される目標は3つの要素で構成されている。

　それは，「基礎的な知識及び技能を習得」「これらを活用して課題を解決するために必要な思考力，判断力，表現力等」そして，「主体的な学習に取り組む態度」であり，学校教育法上の「主体的な学習に取り組む態度」と関連付ける目標として「学びに向かう力・人間性等」が位置づけられている。

2. 社会科の目標としての「学びに向かう力・人間性等」

（1）「よりよい社会を考え主体的に問題解決しようとする態度」

　小学校社会の「学びに向かう力・人間性等」の目標概念は2つに分けることができる。その第一は，「よりよい社会を考え主体的に問題解決しようとする態度」である。

　この目標概念は，先述した学校教育法上の「主体的な学習に取り組む態度」と直接関連付けることができる。小学校社会は，その「学習原理」として「問題解決的な学習」を採用している。

　「問題解決的な学習」とは，「学習の問題を追究・解決する活動」のことであり，単元などにおける学習問題を設定して，その問題の解決に向けて資料や調査などで児童が調べ，社会的事象の特色や意味を考えたり，社会への関わり方を選択・判断したりして表現し，社会生活について理解したり，社会への関心を高めたりする学習のことである。その「問題解決的な学習」において，2017（平成29）年に改訂された学習指導要領では，「主体的・対話的で深い学び」を重視している。

即ち，「問題解決的な学習」が教師主導であってはならず，「主体的」，即ち，児童が学習問題を設定し，その学習問題の解決の見通しをもって追究すること，「対話的」，即ち，他の児童と協働・対話をしながら，追究すること，そして，「深い学び」，即ち，他の児童と協働して追究した結果を振り返ってまとめ，新たな問いを見いだす学習が重視されている。

　その際，態度として，「主体的に問題解決しようとする態度」を身につけることが，児童主体の「問題解決的な学習」がその基盤となる。「主体的に問題解決しようとする態度」は，「問題解決的な学習」を採用する小学校社会の学習を進める上で重要な目標原理となる。また，「よりよい社会を考える」については，よりよい社会を考え学習したことを社会生活に生かそうとする態度のことである。

（2）「多角的な思考や理解を通して」涵養される自覚や愛情など

　小学校社会では，各学年で学習する内容に応じて涵養される自覚や愛情は異なる。また，学年によっては，他の児童の意見を聞いて，思考することが可能になるし，学習内容の理解を基盤に自覚や愛情が涵養される。

　例えば，「地域社会に対する誇りと愛情」や「地域社会の一員としての自覚」は，3，4年生の例えば，身近な地域社会の発展に貢献した先人の働きや諸活動に関与する人々の働きの学習等を踏まえ涵養される。

　「我が国の国土に対する愛情」や「我が国の産業の発展を願い我が国の将来を担う国民としての自覚を養う」は，5年生の例えば，県や市の学習指導における，我が国の産業の様子を理解する学習等を踏まえ涵養される。

　そして，「我が国の歴史や伝統を大切にして国を愛する心情」「我が国の将来を担う国民としての自覚や平和を願う日本人として世界の国々の人々と共に生きることの大切さについての自覚」は，6年生の例えば，我が国の政治や歴史を理解する学習やグローバル化する国際社会における我が国の役割を理解する学習等を踏まえ涵養される。

　なお，学習の結果として自覚や愛情が育つものであって，自覚や愛情を育てることのみを授業の目標とすることは適切ではない。「知識・技能」「思考力・判断力・表現力等」を含めた三つの目標の「バランス」が大切になる。

参考文献

文部科学省（2018）『小学校学習指導要領（平成29年告示）解説社会編』
　　　日本文教出版.

澤井陽介・加藤寿朗編著（2017）『見方・考え方［社会科編］』東洋館出版社.

社会認識教育学会編（2019）『小学校社会科教育』学術図書出版社.

（橋本康弘）

Q8　小学校社会科と中学校社会科の関連性について述べなさい

1．小・中学校社会科において育成を目指す資質・能力

　学習指導要領（平成29年告示）では，すべての教科等の目標及び内容が，(1)「知識及び技能」，(2)「思考力，判断力，表現力等」，(3)「学びに向かう力，人間性等」の三つの柱で整理されている。社会科は，小・中学校の一貫性の観点から，「グローバル化する国際社会に主体的に生きる平和で民主的な国家及び社会に必要な公民としての資質・能力の基礎」を共通のねらいとし，目標の (1)～(3) にそれぞれ対応させている。

	小学校	中学校
(1) 知識及び技能	地域や我が国の国土の地理的環境，現代社会の仕組みや働き，地域や我が国の歴史や伝統と文化を通して社会生活について理解するとともに，様々な資料や調査活動を通して情報を適切に調べまとめる技能を身に付けるようにする。	我が国の国土と歴史，現代の政治や経済，国際関係等に関して理解するとともに，調査や諸資料から様々な情報を効果的に調べまとめる技能を身に付けるようにする。 ※各分野の目標は，省略する。
(2) 思考力，判断力，表現力等	社会的事象の特色や相互の関連，意味を多角的に考えたり，社会に見られる課題を把握して，その解決に向けて社会への関わり方を選択・判断したりする力，考えたことや選択・判断したことを適切に表現する力を養う。	社会的事象の意味や意義，特色や相互の関連を多面的・多角的に考察したり，社会に見られる課題の解決に向けて選択・判断したりする力，思考・判断したことを説明したり，それらを基に議論したりする力を養う。
(3) 学びに向かう力，人間性等	社会的事象について，よりよい社会を考え主体的に問題解決しようとする態度を養うとともに，多角的な思考や理解を通して，地域社会に対する誇りと愛情，地域社会の一員としての自覚，我が国の国土と歴史に対する愛情，我が国の将来を担う国民としての自覚，世界の国々の人々と共に生きていくことの大切さについての自覚などを養う。	社会的事象について，よりよい社会の実現を視野に課題を主体的に解決しようとする態度を養うとともに，多面的・多角的な考察や深い理解を通して涵養される我が国の国土や歴史に対する愛情，国民主権を担う公民として，自国を愛し，その平和と繁栄を図ることや，他国や他国の文化を尊重することの大切さについての自覚などを深める。

2．小・中学校社会科において育成を目指す「社会的な見方・考え方」

　深い学びをする上で，物事の本質を捉える「見方・考え方」を働かせることが求められる。社会科では学校種や分野・科目を貫き，社会の在り方や社会的事象の意味や意義，特色や相互の関連等を考察する。小学校では「社会的事象を位置や空間的な広がり，時期や時間の経過，事象や人々の相互関係等に着目して捉え，比較・分類したり総合したり，地域の人々や国民の生活と関連付けたりすること」を，中学校では「地理的な見方・考え方」「歴史的分野の見方・考え方」「現代社会の見方・考え方」を働かす。「位置や分布」「時期や年代」「対立と合意，効率と公正」等，追究の視点を生かした，考察や構想に向かう問いが必要となる。

3．小・中学校社会科における内容の枠組みと対象

　次表は，小学校と中学校で学ぶ内容との関連を，①地理的環境と人々の生活，②歴史と人々の生活，③現代社会のしくみや働きと人々の生活にして捉え，学年・分野を整理した表である。対象は地域，日本，世界，経済・産業，政治，国際関係で分別される。例えば，小学校第3学年の内容は，地域社会に関する内容からなるが，①〜③の枠組みにそれぞれ位置付けられ，それらが各学年・中学校の分野にどのように繋がるのかを整理しておくことが必要であろう。例えば地理的分野では，位置や分布，場所，人間と自然の相互依存関係，空間的相互作用，地域に関わる視点へ繋げられよう。学年や分野の縦と横の関連を意識し，内容を構成していくことが要求されよう。

参考文献

文部科学省（2018）『中学校学習指導要領（平成29年告示）解説社会編』東洋館出版社.

（峯　明秀）

表1-8-1　小・中学校社会科における内容の枠組みと対象（一部）

枠組み		小学校				地理的分野	歴史的分野	公民的分野
		3年	4年	5年	6年			
①地理的環境と人々の生活	地域	(1) 身近な地域や市の様子						
	日本			(1) 我が国の国土の様子と国民生活				(1) 少子高齢化
	世界			イ(ア)「世界の大陸と主な海洋,世界の主な国々」		A (1) ① 世界の地域構成		(1) 情報化,グローバル化
②現代社会の仕組みや働きと人々の生活	経済・産業	(2) 地域に見られる生産や販売の仕事	紙幅の都合で省略	(3) 我が国の工業生産	紙幅の都合で省略	③資源・エネルギーと産業		A (1) 私たちが活きる現代社会と文化の特色
	政治	(3) 地域の安全を守る						
	国際関係	(4) ウ「国際化」		イ(ア) 輸入など外国との関わり イ(ウ) 貿易や運輸		④交通・通信		
③歴史と人々の生活	地域		(4) 市の様子の移り変わり					(1) 文化の継承と創造の意義
	日本			イ(ア)「生産量の変化」,イ(イ)「技術の向上」,イ(ア)「工業製品の改良」 イ(イ)「情報を生かして発展する産業」			A 歴史のとの対話	
	世界							

第 2 章　社会科の内容構成

Q1 社会科の内容構成について述べなさい

1．社会科の内容構成の枠組み

　小学校社会科の内容編成は，第3学年において市を中心とする地域社会，第4学年において県を中心とする地域社会，第5学年において我が国の国土と産業，第6学年において我が国の政治と歴史，国際理解，各々に関する内容を取り上げることを基本としている。

　2017（平成29）年版学習指導要領では，中央教育審議会答申（2016）で示された具体的な改善事項「小・中学校社会科の内容を『地理的な環境と人々の生活』『歴史と人々の生活』『現代社会の仕組みや働きと人々の生活』の三つの枠組みに位置付ける」ことを受け，『地理的な環境と人々の生活』には，3学年の（1）身近な地域や市区町村の様子，4学年の（1）都道府県の様子，（5）県内の特色ある地域の様子，5学年の（1）我が国の国土の様子と国民生活，（5）我が国の国土の自然環境，を位置づけている。また，『歴史と人々の生活』には，3学年の（4）市の様子の移り変わり，4学年の（4）県内の伝統や文化，先人の働き，6学年の（2）我が国の歴史上の主な事象，を位置づけている。さらに，『現代社会の仕組みや働きと人々の生活』には，3学年の（2）地域に見られる生産や販売の仕事，（3）地域の安全を守る働き，4学年の（2）人々の健康や生活環境を支える事業，（3）自然災害から人々を守る活動，5学年の（2）我が国の農業や水産業における食料生産，（3）我が国の工業生産，（4）我が国の産業と情報との関わり，（5）我が国の国土の自然環境と国民生活との関わり，6学年の（1）我が国の政治の働き，（3）グローバル化する世界と日本の役割，を位置づけている。

　以上のように，小中学校と内容構成上の枠組みを同一にすることで，中学校の地理的分野，歴史的分野，公民的分野につながる小学校段階における学習内容の系統性が，これまで以上に担保されている。また，地理的分野，歴史的分野，公民的分野の各内容が学年ごとに配置されることで，総合的な教

科である小学校社会科の性格も示している。そして，三つの枠組みのそれぞれが，空間（広がり）的認識の観点から地理学等，時間（変化）的認識の観点から歴史学等，社会との関係（関わり）的認識の観点から社会学等の社会諸科学が対応し，各々の研究成果について教師が研究することで内容面の充実を果たすことが可能となる。

2．内容構成上の特徴と課題

　2017年版学習指導要領における小学校社会科の内容構成上の特徴と課題は，主に次の3点である。

　第1は，内容が目標に依存していることである。学習指導要領では，全体目標と各学年の目標と内容による構成を基本的枠組みとする。この全体目標をより具体化した各学年の目標達成に向けて，「知識及び技能」に関わる内容と「思考力，判断力，表現力等」に関わる内容が位置づけられ，学年目標と同質な記述内容が示されている。つまり，単独で内容が存在するのではなく，あくまでも目標に応じて内容が位置づき，目標と内容の一体的運用が求められる。しかし，内容に関する具体的な事例が示されている訳ではなく，内容の具体化は教師に依存している。したがって，事例選定においては，目標面との整合性を明確化することが課題となる。

　第2は，現代社会の課題に応じた内容が構成されていることである。今回の改訂では，中教審答申を踏まえ，政治の仕組みや働き，世界の国々との関わりに関心を高めるとともに，社会にみられる課題を把握して社会の発展を考える学習の充実，また，人口の減少や地域の活性化，国土や地域防災に関する内容，情報化による生活や産業の変化，産業における技術の向上などに関する内容の充実が求められている。しかし，現代社会の課題に応じて取り上げた事例と児童の発達段階等の状況との乖離が問題になる場合がある。したがって，事例選定においては，児童の既有知識や状況を検討した上で，児童の状況に応じた典型事例を選定することが課題となる。

　第3は，中学校への接続・発展を重視していることである。先述したように，三つの枠組みで小学校社会科が整理されたことで，中学校社会科との内

容面のつながりを意識して指導することが可能となった。しかし，個別の単元における内容面のつながりを示しているに過ぎず，学年全体，小学校全体を通して，子どもたちにどのような概念や理論・法則を獲得させるべきか，明確化されていない。したがって，学校の実情に応じて，年間の社会科授業を通して育てたい子どもの姿について検討した上で，個別の単元計画と年間単元計画を一体的運用が図れるようカリキュラムの改善を図り，小学校段階における社会認識の到達水準を明らかにすることが課題となる。

　以上の内容構成上の特徴と課題を踏まえ，内容編成することが大切である。

参考文献

文部科学省（2018）『小学校学習指導要領（平成29年告示）解説社会編』日本文教出版.

下里俊行（2017）「社会科の教科内容構成の体系化－多元的実在論と価値論に立脚して」『日本教科内容学会誌』第3巻第1号，pp.3-20.

桑原敏典（2004）「小学校中学年社会科教育内容編成の課題と改革」『岡山大学教育実践総合センター紀要』第4巻，pp.1-10.

（松岡　靖）

Q2　同心円的拡大に基づく社会科の内容構成について述べなさい

1．同心円的拡大とは

　同心円的拡大は，社会科の内容構成の考え方であり，教育内容の配列（シークエンス）の根拠となる。子ども自身を中心にして，家庭→学校→近くの場所→市区町村→都道府県→国→世界へと，子どもの発達段階を踏まえ，教育内容を配列する。アメリカ合衆国では，初等教育の社会科において，伝統的に用いられている。日本での導入は，1948（昭和23）年の『小学校社会科学習指導要領補説』で各学年の「主要経験領域」（子どもが学習活動・経験をする主な範囲）を示したことに始まる（安藤輝次，2000）。

　2017年改訂の小学校学習指導要領でも，第1学年・第2学年の生活科と第3学年以降の社会科の内容配列に同心円的拡大の考え方の影響がみられる。第1学年・第2学年は，子どもの生活圏（学校・家庭・地域）で学習活動を行う。第3学年は，子ども自身の居住地や市区町村を中心にして，「身近な地域や市区町村の様子」や「地域に見られる生産や販売の仕事」などが教育内容となっている。第4学年では，学習対象の範囲が，子どもが居住している都道府県に広がり，「都道府県の様子」や「人々の健康や生活環境を支える事業」などが教育内容となる。第5学年は日本全国について，「我が国の国土の様子と国民生活」「我が国の農業や水産業における食料生産」などを扱う。そして第6学年では日本や世界について，「我が国の政治の動き」「我が国の歴史上の主な事象」「グローバル化する世界と日本の役割」が教育内容となっている。

　ただし，厳密には同心円的拡大の内容配列とはなっていない。例えば，第3学年では生産や販売の仕組みを理解するために，他の地域や外国との繋がりにも言及する。現代の社会は，特定の地域で完結する物事は数少ない。ネット通販で外国の企業から商品を購入することもある。しかし大きく捉え

れば，小学校学習指導要領では，子どもが追究する社会的事象を，身近なところから遠くへと配列している。そして，子どもをそれぞれの社会集団の構成員に育てることが目指される。

2．同心円的拡大の採用理由

小学校社会科では，社会的事象についてその意味の追究が行われる。小林信郎（1969）によれば，「低学年だからある事象，事実の認知ができればよい，その社会的意味については高学年で理解できればよいという立場は成り立たない」という。こうした立場によって，同心円的拡大の内容構成では，各学年の子どもの発達段階で「全体と部分の関係が考えられる社会集団」を教育内容とする（小林信郎，1969）。例えば，第3学年で販売の仕組みを理解するために，子どもたちの居住地域のスーパーマーケットと，そこで働く人が教材（具体的な学習対象）となることがある。これによって，子どもたちは，店員に話を聞いたり買い物を体験したりすること（直接体験）を通して，社会的事象を追究することができる。高学年になると，書籍やインターネットでの調査（間接体験）を通して，遠くの地域や国に注目して学習する。低学年（生活科）や中学年では，子どもが地域で社会生活を送るために，必要不可欠な社会の仕組みが学習される傾向にあり，高学年になると日本全体や世界に視野を広げていく展開になっている。同心円的拡大は，内容配列の根拠であると同時に，内容の範囲（スコープ）にも影響を与えるものである。なお，小学校学習指導要領は同心円的拡大法と社会機能法の影響を受けている。こうした内容の配列は，子どもの発達段階にも適するとされている。

3．同心円的拡大への批判とその克服

同心円的拡大の内容配列には批判もある。第1に，子どもの興味・関心は，身近なものから遠くへと広がるとは限らず，インターネットやメディア等を通して，日常生活でも遠くの物事に触れていること。第2に，各学年の学習対象をあらかじめ教育内容に設定された地域内に閉ざしていること。第3

に，小学校社会科で異文化や国際関係の学習が希薄となることなどが指摘されてきた。また，転校の多い子どもや外国にルーツを持つ子どもにとっては，空間認識が同心円的に広がると限らないことも想定できる。

　同心円的拡大は，子どもたちが社会の仕組みを学びながら，徐々に大きな社会集団に参加していくために，有効な考え方として長らく使用され続けている。教員自身が，同心円的拡大に内在する限界性を自覚し，学校や学級の状況に応じて，カリキュラムをデザインすることが必要である。社会の変化に応じて，教育内容の更新も必要である。同心円的拡大の趣旨を踏まえながらも，次世代の主権者および「持続可能な社会の担い手」を育てるにふさわしい教育内容やその配列を柔軟に考えることが求められる。

参考文献

安藤輝次（1993）『同心円的拡大論の成立と批判的展開』風間書房.

安藤輝次（2000）「同心円的拡大主義」日本社会科教育学会編『社会科教育辞典』ぎょうせい，pp.62-63.

草原和博（2004）『地理教育内容編成論研究』風間書房.

小林信郎（1969）『社会科研究入門』明治図書.

山根栄次（2012）「同心円的拡大主義」日本社会科教育学会編『新版　社会科教育辞典』ぎょうせい，pp.10-11.

文部科学省（2018）『小学校学習指導要領（平成29年告示）解説社会編』日本文教出版.

（渡邉　巧）

Q3 　第3学年の社会科の内容構成について述べなさい

1. 第3学年の内容構成の全体像

　2017（平成29）年改訂学習指導要領における第3学年の内容は，自分たちの市を中心とした地域社会の社会的事象について，次の4つの項目から構成されている。(1) 身近な地域や市区町村の様子，(2) 地域に見られる生産や販売の仕事，(3) 地域の安全を守る働き，(4) 市の様子の移り変わり，である。以下，各項目をみていこう。

2. 第3学年の具体的な内容

(1) 身近な地域や市区町村の様子

　ここでは，「身近な地域や自分たちの市の様子を大まかに理解すること」が求められる。第3学年になり初めて社会科を学ぶ児童にとって，身近な地域や自分たちの市の範囲や広がりを捉えることは，地域社会の生産や販売，安全を守るための諸活動，市の様子の移り変わりを理解する上での基礎となるからである。

　また，身近な地域の観察・調査をしたり，地図などの資料で調べたりしながら，白地図にまとめることを通して自分たちの市を理解することが求められる。身近な地域や市の様子を捉える視点として「都道府県内における市の位置」「市の地形や土地利用」「交通の広がり」「市役所など主な公共施設の場所と働き」「古くから残る建造物の分布」などがある。調べたり，白地図にまとめたりする際には，方位や地域の実態を踏まえたときに必要となる主な地図記号を取り扱う必要がある。

(2) 地域に見られる生産や販売の仕事

　地域に見られる生産や販売の仕事とは，「身近な地域や市の人々の農作物や工業製品などを生産する仕事や商品を販売する仕事」を指している。

　「生産の仕事」に関する内容を学習する際には，「地域の人々の生活と密接

な関わりをもって行われていること」が理解できるよう，「仕事の種類や産地の分布」「仕事の工程」などに着目して，「生産に携わっている人々の仕事の様子を捉え，地域の人々の生活との関連を考え，表現すること」が求められる。「生産の仕事」には，農家や工場の仕事，木を育てる仕事，魚や貝などを採ったり育てたりする仕事などがあげられる。

　「販売の仕事」については，「消費者の多様な願いを踏まえ売り上げを高めるよう，工夫して行われていること」が理解できるよう，「消費者の願い」や「販売の仕方」「他地域や外国との関わり」などに着目して，「販売に携わっている人々の仕事の様子を捉え，それらの仕事に見られる工夫を考え，表現すること」が求められる。販売の仕事の事例は，身近な地域にある小売店やスーパーマーケットなどの中から選択し，商店を取り上げることが必要である。また，「他地域や外国との関わり」を扱う際には，地図帳などを使用し，都道府県や国の名称と位置などを調べるとともに，国旗についても扱う必要がある。

（3）地域の安全を守る働き

　地域の安全を守る働きとは，消防署や警察署などの関係機関に従事する人々が相互に連携し，地域の安全を守るために「緊急時に対処する体制をとっていること」や，関係機関が地域の人々と協力し，火災や事故などの「防止に努めていること」を指す。「緊急時に対処する体制をとっていること」と「防止に努めていること」については，火災と事故のいずれにおいても取り上げる必要がある。その際，どちらかに重点を置くなど，軽重を付け，効果的に指導する必要がある。ここで扱う火災や事故などは，地域の人々の生命や財産を脅かす火災，交通事故や犯罪などの事故や事件のことである。

　火災については，防火設備の設置や点検，消防訓練の義務などの火災の防止に関する法律やきまり，また，事故などについては，登下校などにおける交通事故の防止に関する法やきまりを取り上げ，「地域の人々の安全な生活の維持と向上を図るための法やきまりを扱う」必要がある。

（4）市の様子の移り変わり

　市や人々の生活の様子は，「時間の経過に伴い，移り変わってきたこと」を理解することが求められる。ここでは，「交通や公共施設」「土地利用や人口」

「生活の道具などの時期による違い」に着目し，聞き取り調査をしたり，地図などを活用し，年表などにまとめることで，市の様子の移り変わりを考え，表現する学習が考えられる。「年表などにまとめる」際には，時期区分について，昭和，平成など元号を用いた言い表し方などがあることを取り上げ，市の様子の移り変わりを年代順に整理できるようにすることが求められる。

「公共施設」とは，学校，図書館，公民館，資料館などであり，「市が公共施設の整備を進めてきたこと」とともに，その建設や運営には「租税」が重要な役割を果たしていることに触れる必要がある。

「人口」を取り上げる際には，「少子高齢化」「国際化」などに触れ，これからの市の発展について考えられるよう配慮することが大切である。

3．第3学年の内容を充実させるための手立て

第3学年の社会科では，生活科での学習経験を生かし，校舎の屋上など高いところから身近な地域の景観を展望したり，地理的に見て特徴のある場所や主な公共施設などを観察・調査したりする活動が考えられる。その際，地域住民や地域で働く人たちと積極的に関わることで，多様な視点から身近な地域を知るきっかけとなる。このとき，児童の気付きや興味・関心，児童が抱く地域への問いに耳を傾けながら授業をつくっていくことが大切である。

また，これまで第4学年から配布されていた教科用図書「地図」は，2017（平成29）年改訂学習指導要領より第3学年から配布されることになった。有田（2012）が提示する「地図記号はどうやってできたの？」などの問いがあると，地図で楽しく学ぶことにつながるだろう。

参考文献

有田和正（2012）『授業づくりの教科書　社会科授業の教科書〈3・4年〉』
　　さくら社.

文部科学省（2018）『小学校学習指導要領（平成29年告示）解説社会編』
　　日本文教出版.

（得居千照）

Q4　第4学年の社会科の内容構成について述べなさい

1．第4学年の内容構成の全体像

　第4学年では，地域社会の社会的事象として，「(1) 都道府県の様子」，「(2) 人々の健康や生活環境を支える事業」，「(3) 自然災害から人々を守る活動」，「(4) 県内の伝統や文化，先人の働き」，「(5) 県内の特色ある地域の様子」，の5つの内容が示されている。そして，これらの学習を通して，自分たちの県を中心とした地域の社会生活を総合的に理解できるようにするとともに，地域社会に対する誇りと愛情，地域社会の一員としての自覚を養うことが求められている。

2．第4学年の具体的な内容

(1) 都道府県の様子

　「都道府県の様子」とは，自分たちの県の位置や地形，産業や交通，主な都市の位置などの概要を指している。ここでは，都道府県の様子と47都道府県の名称の位置について理解できるようにする。そして，国内における自分たちの県の位置，隣接する県との位置関係，県全体の地形や主な産業，交通網の様子や主な都市の位置などを取り上げる。その際に，児童が地図帳や各種の資料で調べ，ノートや白地図などにまとめたものをもとに説明したり話し合ったりして表現することで，自分たちの県の地理的な概要を理解できるようにすることが重要となる。

(2) 人々の健康や生活環境を支える事業

　「人々の健康や生活環境を支える事業」とは，「飲料水，電気，ガス（この中から一つ選択し）を供給する事業」と「廃棄物を処理する事業」の2つの内容から構成されている。「飲料水，電気，ガス」の中から一つを選択し，取り上げる場合には，地域の実態に応じて，見学を取り入れたり，関係機関が作成した資料を活用したりして，調べる活動を設定することが有効な手立

てとなる。そして，ここで取り上げた様々な事業が人々の生活の維持や向上に果たす役割を考え，表現できるようにすることが重要となる。

（3）自然災害から人々を守る活動

「自然災害から人々を守る活動」とは，県庁や市役所などの関係機関が相互に連携したり地域の人々と協力したりして，自然災害から人々の安全を守るために行っている活動を指している。ここでは，過去の災害発生状況を踏まえて起こり得る自然災害による被害を防いだり減らしたりするための備えをしていることを理解できるようにすることが重要となる。

（4）県内の伝統や文化，先人の働き

「県内の伝統や文化，先人の働き」とは，「県内に古くから伝わる文化財や年中行事」と「地域の発展（開発面，教育面，医療面，文化面，産業面などから一つ選択）に尽くした先人の働き」の2つの内容から構成されている。ここでは，人々の願いや努力，先人の働きについて考え，理解できるようにすることが重要となる。

（5）県内の特色ある地域の様子

「県内の特色ある地域の様子」とは，地理的環境などの特色を生かしてまちづくりや産業の発展に努めている県内の特色ある地域の様子を指している。この内容を取り扱う際には，博物館や資料館などの施設の活用を図るとともに，身近な地域に残されている様々な文化財などについて調査したり，内容に関わる専門家や関係者，関係の諸機関との連携を図ったりするなどの配慮をしていくことが重要となる。

3．第4学年の内容を充実させるための手立て

（1）地域の実態を生かした指導計画の作成

第4学年における内容を充実させるためには1つ目に，各学校における地域の実態を生かして，児童が興味・関心をもって学習に取り組めるようにすることが挙げられる。そのための手立てとして，地域にある素材を教材化すること，地域に学習活動の場を設けること，地域の人材を積極的に活用することなどに配慮しながら，指導計画を作成し指導を行うことが重要である。

　具体的には，授業づくりにおいて，教師自身が各学校の置かれている地域の実態把握に努め，地域の人々や施設からどのような協力が得られるかについて明確にする必要がある。そして，それらを基に，地域の素材を教材化し，地域の施設を積極的に活用したり地域の人々と直接関わって学んだりする学習活動を位置づけながら，各学校で創意工夫を生かし，地域に密着した特色ある指導計画を作成する必要がある。

（2）具体的な体験活動や表現活動の一層の充実

　内容を充実させるための方法として2つ目に，観察や見学，聞き取りなどの調査活動を含む具体的な体験を伴う学習やそれに基づく表現活動の一層の充実を図ることが挙げられる。そのための手立てとして，社会科のねらいを明確にしながら，事前・事後や現地における指導の充実を図り，児童が実物や本物を直接見たり触れたりすることを通して社会的事象を適切に把握し，具体的，実感的に捉えることができるようにすることが重要となる。また，体験活動を通して分かったことや考えたことを適切に表現する活動を指導計画に位置づけ，各学校の実態に応じて工夫していく必要がある。

（3）言語活動の一層の充実

　内容を充実させるための方法として3つ目に，考えたことや選択・判断したことを説明したり，それらを基に議論したりすることなど言語活動を一層重視することが挙げられる。そのための手立てとして，4年生の学年の実態に応じて，複数の立場から多角的に考えるようにすることが重要となる。

　また，社会問題の解決に向けて，自分たちの行動や生活の仕方，これからのよりよい社会のあり方について考えて行く際に，根拠や理由を明確にして論理的に説明したり，相手の主張を踏まえた議論をしたりすることで，言語活動のより一層の充実を図ることが重要である。

参考文献

文部科学省（2018）『小学校学習指導要領（平成29年告示）解説社会編』日本文教出版.

（伊藤公一）

Q5　第5学年の社会科の内容構成について述べなさい

1．第5学年の内容構成の全体像

　第5学年では，「我が国の国土や産業」に関する内容を扱う。

　平成29年改訂学習指導要領によると，第5学年で学習する項目には，「(1) 我が国の国土の様子と国民生活」「(2) 我が国の農業や水産業における食料生産」「(3) 我が国の工業生産」「(4) 我が国の産業と情報との関わり」「(5) 我が国の国土の自然環境と国民生活の関わり」の5つが設定されている。

　第5学年の社会科カリキュラムとして見た場合，これら5つの項目の内容や配列は，既習内容の活用・探究を通して子どもの主体的・対話的で深い学びが実現できるよう，学びの連続性・系統性を意識した構成となっている。

　では，実際に各項目においてどのような内容が設定されているのか，また第5学年の項目はどのような系統的構成になっているのか，以下に述べる。

2．第5学年の具体的な内容

（1）我が国の国土の様子と国民生活

　項目（1）では，国土学習として，日本の地形や気候における概要や特色，影響を捉え，私たちが日本の地形条件や気候条件に適応しながら，産業を営み生活していることを理解する内容となる。ここでは，領土の範囲，緯度や経度による位置の表し方，日本周辺の国々，自然条件における地形や気候の観点に留意して内容を扱う。この項目を通して日本の地理的内容を学ぶことで，子どもの地理的な見方・考え方の基盤（視点・方法）を育む。

（2）我が国の農業や水産業における食料生産

　項目（2）では，産業区分のうち，稲作を中心に日本の食料生産を支える第一次産業の概要や現状を捉え，食料生産を支える人々の工夫や努力を通してそれが自然条件を生かして営まれている点，食料確保に重要な役割を果たしている点を理解する内容となる。ここでは，食料生産の具体として稲作以

外に野菜，果物，畜産物，水産物などから1つ選択する点，消費者や生産者
などの立場から多角的に捉え，産業を発展的に考える点に留意して内容を扱
う。第一次産業は自然環境を利用することで成り立つ生業である。地形や気
候などの地理的要因と密接に関係しその影響を受けやすい。そのため，前項
目の国土学習を生かし，学習を展開することが重要となる。また，食料生産
を支える人々を通して，グローバル化などの社会変化や地球温暖化などの自
然環境の変化も関連させることで，産業の抱える問題も扱うことが可能とな
る。これは後に，項目（5）の「我が国の国土の自然環境と国民生活の関わ
り」を学ぶ上での足掛かりとなる。

（3）我が国の工業生産

　項目（3）では，日本の主要産業である工業に着目して第二次産業の概要
を捉えるとともに，製品の改良や製造工程での工業生産を支える人々の工夫
や努力を通して，工業製品が国民生活を支えていることを理解する内容とな
る。ここでは，工業の具体事例として金属，機械，化学，食料品の中から1
つ選択する点，食料生産同様，消費者や生産者などの立場から多角的に考え
たり，産業を発展的に捉え考えたりする点に留意して内容を扱う。工業で
は，原材料の確保や製品の輸送において運輸・貿易が不可欠である。そのた
め製品を生み出す工場の立地は，地形的要因と関連する。また，食料生産と
同様，工業生産にかかる費用や価格は消費者の需要や社会変化の影響を受け
る。項目（2）（3）を通して，日本の生産活動の現状や課題を多面的・多角的
に捉えながら，その発展を考える活動を繰り返し行うことで，子どもの思考
力・判断力を育むことが可能となる。

（4）我が国の産業と情報との関わり

　項目（4）では，情報に関連する日本の第三次産業に着目し，それらが国
民生活に果たす役割や影響を捉え，情報化の進展やそれに伴う産業の発展，
国民生活の向上について考える内容となる。ここでは，情報通信を担う産業
だけでなく，情報や情報技術を活用する産業の様子や現状も扱う。前者では
放送，新聞などから選択する点，情報の送り手と受け手の立場から多角的に
考え，それらの責任に気づかせる点，後者では販売，運輸，観光，医療，福

祉などの産業から選択する点，産業や国民の立場から多角的に考えたり，産業の発展や国民生活の向上を視野に考えたりする点，に留意して内容を扱う。これらの産業を通して情報を多面的に捉えることで，産業間のつながりや情報化する社会状況，情報化に伴う生活や産業の変化などの理解につなげていく。また，情報の送り手と受け手という立場から，情報と国民生活との関連を多角的に考えることで，子どもの資質・能力を育むことも可能となる。

（5）我が国の国土の自然環境と国民生活の関わり

項目（5）では，自然災害への対応，森林資源の保護，公害防止での人々の働きを捉え，自然環境と私たちの生活や産業との関わりを通して災害から国土を保全する重要性や森林が果たす役割，公害防止や生活環境の大切さを学ぶ内容となる。ここでは，自然災害で地震災害，津波災害，風水害，火山災害，雪害などを扱う点，公害で大気汚染，水質汚濁から具体を選択する点，環境保全を子どもなりに考え選択・判断できる点，に留意し内容を扱う。

3．第5学年の内容を充実させるための手立て

第5学年の内容を充実させるには，項目ごとの学びに止まらず，既習内容の活用を通して子どもの主体的・対話的で深い学びが実現できるよう，社会科カリキュラムにおける内容の系統性を意識した授業を行う必要がある。例えば，第5学年の社会科カリキュラムで考えた場合，国土学習の項目で地理的な見方・考え方の基盤を育み，その後の産業学習の項目に活用できるようにしたり，学年のまとめに位置づく項目（5）で，これまでの学びを子どもが生かせるようにしたりする手立てがある。その他にも，小学校4年間・小中学校7年間の社会科カリキュラムの系統性や他教科の学びとの関連性など，カリキュラムマネジメントの観点を踏まえ内容の充実を図る手立てが考えられる。

参考文献

文部科学省（2018）『小学校学習指導要領（平成29年告示）解説社会編』日本文教出版.

（新谷和幸）

Q6　第6学年の社会科の内容構成について述べなさい

1．第6学年の内容構成の全体像

　2017（平成29）年改訂学習指導要領では，小学校社会科第6学年の内容構成として，（1）我が国の政治の働き，（2）我が国の歴史上の主な事象，（3）グローバル化する世界と日本の役割，が取り上げられた。前回の学習指導要領からの変更点のうち，特筆すべきは次の2点である。第一に，歴史に先んじて政治に関する内容を最初に学習する構成となった。主権者教育の充実を背景に，政治の働きへの関心を高めることが意図されている。第二に，「グローバル化」という文言が明記された。「グローバル化」をキーワードに，世界との関わりに目を向けながら我が国の歴史について考えたり，他国との文化の違いや相互関係を捉えたり，地球規模で発生している現代的な課題について考えたりする学習により一層取り組むこととなった。

2．第6学年の具体的な内容

（1）我が国の政治の働き

　日本国憲法の基本的な考え方に着目し，天皇の地位や，国民としての権利及び義務などについて扱うことで，我が国の民主政治は日本国憲法の基本的な考え方に基づいていることを理解する。その際，国会などの議会政治や選挙の意味，国会と内閣と裁判所の三権相互の関連，裁判員制度や租税の役割などについて考え，表現することで，日本国憲法が日本に生きる様々な立場の人々の生活に果たす役割について多角的に考える。

　また，国や地方公共団体の政治について，政策の内容や計画から実施までの過程，法令や予算との関わりなどに着目して，国民生活における政治の働きを理解する。その際，児童の関心や地域の実態に応じて，社会保障，自然災害からの復旧や復興，地域の開発や活性化などの取組の中から具体例を選択し，私たちの生活との関係について多角的に調べる。調べた内容をまと

め，表現することを通して，私たちができる政治への関わり方について自分の考えをまとめることができるよう配慮する。

（2）我が国の歴史上の主な事象

　我が国の歴史上の主な事象を手掛かりに，我が国が歩んできた大まかな歴史を理解できるようにする。その際，地域の実態や児童の興味・関心を踏まえて，取り上げる人物や文化遺産の重点の置き方に工夫を加えるなど，学習内容を精選して具体的に理解できるようにする。歴史上の主な出来事や年号などを覚えることだけでなく，児童が我が国の歴史に対する興味・関心をもち，歴史を学ぶ楽しさと大切さに気づかせるようにする。

　これらの学習を通して，我が国は世界に誇る長い歴史をもち伝統や文化を育んできたこと，遠い祖先の生活や人々の工夫や努力が，今日の自分たちの生活と深く関わっていることに気づくようにする。その際，現在の北海道や沖縄県に該当する地域には，独自の伝統や文化が育まれてきたことにも気づくようにする。また，現在の自分たちの生活と過去の出来事との関わりを考えたり，過去の出来事を基に現在および将来の発展を考えたりするなど，歴史を学ぶ意味について考え，表現する学習を取り入れるようにする。

（3）グローバル化する世界と日本の役割

　地図帳や地球儀，各種の資料を活用し，外国の人々の生活の様子について調べ，まとめる。そして，他国の人々の生活の様子は多様であることを理解する。また，国際交流を通して，異なる文化や習慣を尊重し合うことが大切であることを理解できるようにする。

　また，紛争，環境破壊，飢餓，貧困，自然災害，人権など地球規模で発生している課題や世界の国々が抱えている課題と，それらの解決に向けた連携・協力などに着目する。我が国の国際協力の様子については，教育，医療，農業などの分野で世界に貢献している事例の中から選択して取り上げる。その際，世界の人々と共に生きていくために大切なことや，今後，日本が国際社会において果たすべき役割などを多角的に考えたり，選択・判断したりする学習に取り組むようにする。

3．第6学年の内容を充実させるための手立て

　第一に，具体的な社会的事象を取り上げて，学習問題を設定することである。歴史上の事象や地球規模での事象などについて，単なる事実を羅列するだけでは，子どもたちが自分自身の頭で考えぬく授業にはなりにくい。内容が高度となる第6学年では，問題解決的な学習をますます大切にしなければならない。子どもが現実社会の問題を発見し，問いを追究できる社会的事象をまず教師自身が発見し，教材として加工していく必要がある。教材への理解を深め，教材の本質を明確にするための「ひろげる教材研究」と，子どもの実態・関心の理解に努め，子どもたち一人ひとりを教材の本質に迫らせる学習をつくるための「しぼる教材研究」の2つの教材研究に取り組むことで，子どもとともに「生きて働く教材」をつくりあげることが望ましい。

　第二に，中学校の学習との連続性を意識することである。特に，社会的な見方・考え方の連続性を意識しながら，社会的事象の相互関係について考えたり，社会的課題を把握したり，社会への関わり方や考えたことを選択・判断したりする学習を取り入れることが重要である。第6学年の学習内容（政治，歴史，国際）は，中学校においても繰り返し取り上げられるものであるから，この点への留意は必須である。グローバルな視野を持って学習内容を捉えることは，中学校の学習との連続性を担保する一つの方法である。たとえば，諸外国に生きる人々の生活や，日本に生きる外国から来た人々の生活について調べ，違いや相互関係について多角的に考える学習は，中学校の学習へと続く問いを，子どもたちに気づかせる学習となり得る。

参考文献

由井薗健（2017）『一人ひとりが考え，全員でつくる社会科授業』東洋館出版社.

文部科学省（2018）『小学校学習指導要領（平成29年告示）解説社会編』日本文教出版.

（久保薗梓）

Q7 社会科におけるカリキュラム・マネジメントについて述べなさい

1．カリキュラム・マネジメントとは

　小学校学習指導要領（平成29年告示）解説の総則編と社会編によると，カリキュラム・マネジメントとは，①児童や学校，地域の実態を適切に把握し，教育の目的や目標の実現に必要な教育の内容等を教科等横断的な視点で組み立てていくこと，②教育課程の実施状況を評価してその改善を図っていくこと，③教育課程の実施に必要な人的又は物的な体制を確保するとともにその改善を図っていくことなどを通して，教育課程に基づき組織的かつ計画的に各学校の教育活動の質の向上を図っていくこと，の3点に整理されている。

　この3点に即したカリキュラム・マネジメントの意識化は，社会科の年間指導計画や単元計画，そして日々の授業の内容や方法を検討したり，評価したりする際の今後の大きな道標にもなる。

2．地域の実態に応じた社会科のカリキュラム・マネジメント

　小学校の社会科で取り扱われる学習内容の多くは，児童の身近な地域の社会的な事物や事象である。特に，児童の生活する市区町村や都道府県を中心的な学習対象とする第3学年と第4学年の社会科においては，地域の実態に応じた年間指導計画や単元計画と日々の授業構成の検討を欠くことはできない。例えば，第3学年の最初の学習内容となる「身近な地域や市区町村の様子」について，教科書で扱われている特定の地域は，ほとんどの児童にとって全く身近ではないことになる。

　そのため，教科書はあくまでも参考としながら，児童にとっての身近な地域や市区町村の様子を自分たちの経験や体験に引き付けられるような単元計画や授業構成を意図した教材研究を教師側が行う必要がある。児童の生活する市区町村の都道府県内における位置や，その市区町村に独特の地形や土地

利用，鉄道や道路などの交通の広がり，市区町村役場などの公共施設の場所と働き，神社やお寺などの古くから残る建造物の分布などを白地図などにまとめることを通して，身近な市区町村に独特の場所による違いや様子を学習できるような単元や授業の構想を事前にどこまで準備できるかが，社会科のカリキュラム・マネジメントの一つの鍵である。このような営為は一人ひとりの教師の取組とともに，教師集団や学校そして地域の方々の支援や協力も欠かせない。

3．地域の「人財」を活用した社会科のカリキュラム・マネジメント

　今回の学習指導要領の改訂により，社会科の第4学年の内容に「自然災害から人々を守る活動」が独立して設けられることになった。この学習で取り上げる災害は，過去に児童の生活する都道府県内で発生した地震災害，津波災害，風水害，火山災害，雪害などから選択することになる。また，地域の関係機関や人々が自然災害に対して様々な協力をして対処してきたことや今後の備えをしていることを学習するためには，取り上げる災害の対処や備えに関わった「人財」を活用する必要もある。

　都道府県内の自然災害の学習に限らず，社会科の学習においては，現実社会の出来事や事実とともに，そこに関わる多くの人々の働きや声を活用してこそ，社会科らしい学びの実現に直結する。とは言え，小学校社会科の全ての単元や授業を，身近な地域や市区町村，都道府県の事実や，そこでの人々の営みや教師の教材研究だけでまかなうことは不可能である。そのため，多くの市町村教育委員会の単位で，地域の実態に応じて作成された副読本があることも，社会科の大きな特徴である。教科書とともに副読本を活用しつつ，新たな地域教材や地域「人財」の掘り起しが，社会科のカリキュラム・マネジメントのもう一つの大きな鍵である。

4．特に社会科でカリキュラム・マネジメントを大事にする意図とは

　日本の小学校では，学習指導要領に基づいて作成された教科書に沿った授業を展開することは至極当たり前のように考えられている。近年の教科書や

教科書会社が作成している指導書や指導資料なども精緻に作成されており，それに即して授業を展開していけば一定の学習効果や成果を導き出せる安心感はある。しかしながら，学校における教育的な営みが，効率的な大量生産や大量販売を促すためのマニュアルや手引書通りの学習活動で満足して良いかどうか。そこに立ち止まり思索できる教員としての資質や能力の向上が求められている。

　特に社会科の場合，地域の実態に応じたり，地域の「人財」を活用したりするカリキュラム・マネジメントとともに，社会科の学習で取り扱う全ての内容や方法に対する精査の視点が必要になる。例えば，6年生の歴史学習の場合，教科書が作成された時には通説とされていた内容が，数年後に新たに作成された教科書の中では全く異なる取り扱いとなる可能性がある。5年生の学習内容となる産業学習や貿易に関する情報などに関しては，毎月や毎年の単位で統計情報が変化していく。そのため，社会科の授業では可能な限り，最新の学術的成果に注視したり，最新の統計情報を収集したりすることで，教科書で示されている内容を補完したり，微修正を加えたりする必要も生じてくる。他の教科以上に社会科では，教材研究の重要性が叫ばれる理由の一つもこの点に関わっている。

参考文献

須本良夫・田中伸編著（2017）『社会科教育におけるカリキュラム・マネジメント』梓出版社.

（永田忠道）

Q8　社会科における社会に開かれた教育課程のあり方について述べなさい

1．社会に開かれた教育課程の目的

　2017（平成29）年改訂学習指導要領は，「資質・能力の明確化」や「カリキュラム・マネジメント」など，新たな考え方に基づいて構成されている。そして，それらすべての基礎となる考え方が「社会に開かれた教育課程」である。「なぜ，資質・能力の明確化が必要なのか」「なぜ，カリキュラム・マネジメントが必要なのか」，その理由は詰まるところ，社会に開かれた教育課程の実現に帰着することになる。

　社会に開かれた教育課程のポイントは，次の三点にまとめることができる。第一に，よりよい学校教育を通じてよりよい社会を創るという目標を学校と社会とが共有することである。第二に，これからの社会を創り出していく子どもたちに必要な資質・能力が何かを明らかにし，それを学校教育で育成することである。そして，第三に，地域と連携・協働しながら目指すべき学校教育を実現することである。

　近年，多くの学校に導入されている学校運営協議会や地域学校協働本部などは，この理念を実現するための制度として注目されている。学校運営協議会であれば，地域住民や保護者等が学校運営に参画し，学校と地域が一体となって特色ある学校づくりを進めることになる。また，地域学校協働本部であれば，地域住民の協力の下に地域全体で子どもたちの学びや成長を支え，学校を核とした地域づくりが目指される。このような諸制度と関連付けながら，社会科の単元なり授業なりを充実させていくことが，これからの社会科教育では目標とされるべきである。

2．社会科において社会に開かれた教育課程を実現するための方策

（1）年間指導計画や単元計画を明確にする

保護者も地域住民も，１年間或いは１単元の社会科授業がどのように展開されているかを十分には知らされていない。教育委員会や学校のホームページを探索すれば，そこに年間指導計画が示されていることもあるが，社会科を始めとする各教科等についての情報は断片的である。しかしこれからは，社会に開かれた教育課程の理念に基づき，年間指導計画や単元計画は「学びの地図」として，保護者や地域住民と共有される必要がある。

　社会科の１年間の学習活動は，どのような順序で展開されるのですか。この社会科授業を通して，どのような資質・能力の育成が目指されているのですか。保護者や地域住民のこういった質問に十分に答えられるよう，年間指導計画や単元計画をしっかりと作成して，その目標・内容・方法を明確にしておく必要がある。説明責任を果たすべく社会科授業のあり方を再検討することは，当然のことながら，社会科授業の充実にもつながるものである。

（２）地域の人材を積極的に活用する

　学習指導要領の「内容の取扱いについての配慮事項」では，内容に関わる専門家や関係者，関係の諸機関と連携を図ることを強調している。この取り組みは，社会科授業を充実するためだけでなく，学校が地域と連携して教育課程を運営するための方策としても役立てられる。

　小学校３年生であれば，地域の生産や販売に関わる人，小学校５年生であれば，良好な生活環境を守るための諸活動に関わる人などが，この専門家や関係者にあたる。これまでも社会科授業では，「コミュニティ・ゲスト」と呼ばれる地域住民が数多く，社会科授業に協力してきた。これをさらに活発にさせていくことが，これからの社会科授業には求められる。教員の有する知識や経験には限界がある。特に小学校の教員はすべての教科等を担当することが多いため，この限界を強く感じざるを得ない。社会に開かれた教育課程を実現するためには，専門家などとの連携は必須である。

（３）地域における体験的な活動を数多く取り入れる

　小学校では，中学校や高等学校と比べて，調べ活動や見学といった体験的な活動が地域を中心に数多く展開される。そういった体験的な活動を通じ，児童は地域住民と直接的に関わることになる。これを，社会科授業を地域住

民に説明する格好の機会として，捉え直していくことも必要になるだろう。

　地域の側から見れば，児童と直接的に関わることは，児童の学びから社会科授業の内容を知ることへとつながる。関わり方はさまざまである。児童が地域住民にインタビューすること，児童が地域住民とマップづくりを行うこと，児童が地域住民に対して自分たちの意見を提案することなどが考えられるが，いずれにしてもこれらは児童の学びを知るための絶好の機会となる。こうした地域における体験的な活動を社会科授業に位置付けることで，結果として，次のような効果を得られる。それは，児童の資質・能力を育むことの責任が学校及び教員にあるだけでなく，自分たちにもあるということを，地域住民に深く自覚してもらうことである。

3．社会に開かれた教育課程とカリキュラム・マネジメント

　社会に開かれた教育課程は，社会科だけで実現されるものではない。その実現の過程において，教科等であれば社会科が中核的な役割を担う可能性は十分にあるが，とはいえ社会科単独では実現できるものではない。ここに，他教科等との連携に基づく，教育課程全体の営みという発想が生まれる。

　「カリキュラム・マネジメント」の観点から，学校の特色を生かした教育課程づくりを進めることが求められる。目の前の児童はどのような状況にあるのか。地域では今，どのようなことが課題となっているのか。児童と地域の実態から教育課程を日々点検しながら，教科横断的な観点より，より適正な教育課程の在り方を教員が一丸となって探究し続けるべきである。その過程において，社会科の役割を明確にしていって欲しい。

　「持続可能な社会の創り手」の育成が，学校教育全体に求められている。その中で社会科の役割は今後，ますます重要になってくるであろう。

参考文献

香川県小学校社会科教育研究会編（2019）『社会に開かれた教育課程による2タイプの社会科学習』東洋館出版社.

（唐木清志）

第3章　社会科の学習指導法

Q1 社会科における問題解決的な学習の役割について述べなさい

1.「問題解決的な学習」の目的

　2017（平成29）年改訂の学習指導要領（以下，『新要領』）では，「主体的・対話的で深い学び」の実現に向けた授業改善が強調された。これは，子どもたちが，「学習内容を人生や社会の在り方と結び付けて深く理解し，これからの時代に求められる資質・能力を身に付け，生涯に渡って能動的に学び続けることができるようにすること」をねらいとしている。

　このねらいを実現するために『新要領』が重視する学習指導法が，「問題解決的な学習」である。『新要領』では，「問題解決的な学習」について，次のように定義している。

　「問題解決的な学習とは，単元などにおける学習問題を設定し，その問題の解決に向けて諸資料や調査活動などで調べ，社会的事象の特色や相互の関連，意味を考えたり，社会への関わり方を選択・判断したりして表現し，社会生活について理解したり，社会への関心を高めたりする学習などを指している。」

　『新要領』で「問題解決的な学習」を重視する背景には，上述した子どもたちに育成すべき資質・能力を「習得した知識や技能を活用して，調べたり思考・判断したり表現したりしながら課題を解決する一連の学習過程において，育成されるもの」としていることがある。したがって，「問題解決的な学習」を充実させ，子どもたちの資質・能力の向上ためには，学習過程の工夫が重要な鍵となる。そこで，以下では，「『問題解決的な学習』を充実させるための学習過程」と「『問題解決的な学習』を行う上での留意点」に言及する。

2.「問題解決的な学習」を充実させるための学習過程

　「問題解決的な学習」の学習過程をイメージする際に参考になるのが，図3-

1-1の「『問題解決的な学習』における学習過程」である。これは，中央教育審議会「社会・地理歴史・公民ワーキンググループ」が作成した「社会科，地理歴史科，公民科における学習過程のイメージ」を再構成したものである。

課題把握			課題追究	課題解決	新たな課題
動機付け	方向付け	情報収集	考察・構想	まとめ	振り返り
●学習問題を設定する	●課題解決の見通しを持つ	●予想や仮説の検証に向けて調べる	●社会的事象等の意味や意義，特色や相互の関連を考察する ●社会に見られる課題を把握して解決に向けて構想する	●考察したことや構想したことをまとめる	●学習を振り返って考察する

図3-1-1　「問題解決的な学習」における学習過程（筆者作成）

　図3-1-1の特色は，4つの段階（課題把握，課題追究，課題解決，新たな課題）とそれを構成する6つの「学習活動の例」（動機付け，方向付け，情報収集，考察・構想，まとめ，振り返り）を示したことである。この「学習活動の例」に沿って「問題解決的な学習」を充実させるための学習過程のポイントを整理すると，大きく次の3つにまとめることができる。

（1）社会的事象から学習問題を見いだす

　「問題解決的な学習」は，子どもたちが社会的事象に触れ，気付きや疑問を醸成し，学習問題を見いだす「動機付け」から始まる。学習問題は，「児童の関心や疑問」であり，子どもたちが主体的に課題を「把握」し「追究」するためのエネルギーとなる。「問題解決的な学習」では，いかなる学習問題を設定するかで，学習の深まりが大きく変わってくる。

（2）問題解決の見通しをもって他者と協働的に追究する

　学習問題が設定されると，次は，「方向付け」「情報収集」を経て，「考察・構想」を行う。「方向付け」では，学習問題を解決するために，予想や仮説を立て，調査方法や追究方法を検討して学習計画を立てる。「情報収集」では，「方向付け」で立てた学習計画に基づいて，学校外での観察や調査活動，様々な資料の収集，分析，子ども同士の情報交換を行う。その上で，「考察・

構想」で，話し合いを通じて社会的事象の意味や意義，特色や相互の関連，社会に見られる課題等を把握して解決策を構想する。この過程では，例えば，「市の移り変わり」（4年）における市役所の職員の方々へのインタビューのように，地域人材からサポートを受けることで追究が展開できる。

（3）追究結果を振り返ってまとめ，新たな問いを見いだす

以上を経て，最後に取り組むのが，「まとめ」と「振り返り」である。「まとめ」では，考察してきたことを図表，新聞，レポート等にまとめてお互いに発表，検討し合う。「振り返り」では，学習における自分の調べ方や学び方，結果を振り返り，学習成果を学校内外の他者に伝える。これらの作業を経て，新たな課題が生まれ，次の学習が展開されることとなる。

3.「問題解決的な学習」を行う上での留意点

「問題解決的な学習」に対しては，「指導法を一定の型にはめ，教育の質の改善のための取組が，狭い意味での授業の方法や技術に終始するのではないか」という懸念もある。これは，図3-1-1に基づいて単元を構想すると，「問題解決的な学習」のような学習ができてしまうことを意味する。しかし，「問題解決的な学習」を進める際，教師は，それが本当に子どもたちにとっての「問題解決」なのかを問う必要がある。

「問題解決的な学習」を行う上で大切なのは，あくまでも子どもたちが主体的に進めることである。したがって，教師には，子どもの関心，意欲，能力を日々の発言や行動，ノート等の記述等から把握し，教師主導による形だけの学習にならないように心掛けることが求められる。

参考文献

市川博（2015）『子どもの姿で探る問題解決学習の学力と授業』学文社.

文部科学省（2017）『別冊 初等教育資料2月号臨時増刊』東洋館出版社.

文部科学省（2018）『小学校学習指導要領（平成29年告示）解説社会編』日本文教出版.

（篠﨑正典）

Q2　社会科における「主体的・対話的で深い学び」について述べなさい

1．社会科の目的，役割から考える「主体的・対話的で深い学び」の意義

　社会科は，民主主義社会の有為な一員を育てることがその使命であり役割である。ところが，中教審の論点整理でも指摘されているように，筆者が普段接している大学生でも「判断の根拠や理由を示しながら自分の考えを述べる」ことができない学生は少なくない。これは，民主主義社会において，極めて深刻な問題である。なぜなら民主主義社会とは，未知の未来の問題解決において，一人ひとりが責任を持って，主体的に選択・判断し，かつ集団的意思決定として合意形成をしていかなければならない社会だからである。そこにおいて，「判断の根拠や理由を示しながら自分の考えを述べる」ことは不可欠な能力である。また，自立（律）的に選択・判断する権利をすべての人が有することと，協働によってより良いアイデアが生まれる可能性が高まることこそが，民主主義の意義である。そうした民主主義の意義をより有効に活かして，よりよい集団的意思決定を促していくためにも「主体的・対話的で深い学び」を実現する授業が重要である。それは，単に学びが深まるというだけでなく，民主主義そのものを実践することでもあるからである。

2．授業において「主体的・対話的で深い学び」を実現するために

　では，授業において「主体的・対話的で深い学び」を実現するために，具体的に留意すべきことは何だろうか。ここでは，3つ指摘しておきたい。
　1つ目は，「深い学び」とは，何をどこまで理解できたかではなく，知識や思考が更新されている状態にあることこそが重要であるということである。ちなみに，そもそも「学び」とは，主体的にしか行われない。間違った知識や認識も，いくら一方的に正しい答えを教えようとしてもダメなのだ。今井むつみ氏によれば，唯一それが直るのは，学習者が自分自身で自分の認

識を誤りだと発見し，誤りを認める時だという。「学び」とは，本人がその間違いや意味，価値を自ら「発見」することによって生まれる。どれだけ熱心に教え込んでも，当人がそこに意味を見出せなければ，自らの中に取り込むことはない。他方，たとえ無意図的でも，当人が必要だと思えば，教えなくても自ら取り込むものである。つまり，学ぶこと，学ぶ事象の意味や価値を，いかに当人に見出させられるかが重要である。そのためにも，主体的で対話的な授業が必要になるわけだが，ここで2つ目に重要なことがある。

　2つ目は「深い学び」が促進されるためには，各自の考えや意見がしっかりと自覚される必要があるということである。なぜなら，自身の中の既知のものとの違和感や問いが生まれなければ，知識や思考の更新への欲求，すなわち「深い学び」へのモチベーションは生まれないからである。つまり，対話を行う前中後のどこかあるいはその都度に，「自他の考え」とその根拠に，じっくりと向き合わせることが重要なのだ。心理学の分野の多くの研究者は，人はさまざまな思い込みやバイアスを自分の知識や思考に対して有していることを指摘しており，往々にして，人はそれらを「知っているもの」として過信しがちであるという。しかし実は，そうした知識や思考のほとんどは他者に説明することができない。そういうことを自覚するためにも，対話的な学習は極めて有意義である。そして何より，対話を通して自らが知っている断片的な知識を交換したり共有したりすることで，一人ひとりの知識や思考は断片でも，ジグソーパズルのように組み合わせれば，より広い視野やより深い考察，思考の変容を経験することができる。それでこそ主体的で対話的な授業は，「深い学び」を生み出すであろう。

　そして3つ目は，正解がわかることが重要なのではなく，過程を重視することである。「深い学び」の最も重要な点は，知識や思考が更新され続けていることである。極端なことを言えば，たとえ現時点では間違った解釈，選択，判断を行っていたとしても，時にはそれを容認し，ひとまず放任することが大切だということだ。その間違った解釈，選択，判断が，他者や教材など，さまざまなモノとの対話を通して，自ら更新されていくことが「深い学び」だからである。それは授業内で行われるかもしれないし，家庭生活，地

域社会との交流の中で行われるかもしれない。将来的に中学校，高等学校，その先での学びを経る中で行われるかもしれない。その可能性を高めるためにも，長期的な視野で1時間，1単元，1年間の授業を構造的かつ計画的に展開することが重要である。「対話」によって自身の知識や考えがひっくり返ったり，広がったり深まったりして，更新されていくことの面白さ，学びの深まりやその意義を味わう経験や実感する機会を，効果的に機能するよう意図的に単元および年間指導計画に，より多く組み込むことが肝要である。

3. 「深い学び」を実現する「主体的・対話的な」社会科授業の肝

　「深い学び」を実現する「主体的・対話的な」授業に不可欠なのは，児童が「対話」によってゆさぶられるということである。自分自身や児童同士，教師，学外の人々，資料やデータ，未知の事実など様々な人やモノとの「対話」によって，既知と思っていたことや問いでさえなかった「あたりまえ」の認識がゆさぶられることで，児童の「！」や「？」が刺激される。社会科の授業づくりにおいて重要なことは，その「ゆさぶり」をいかに生み出すか，そして，児童の素朴な疑問や経験知を活かせるかということである。児童の素朴な疑問や経験知の中にこそ，面白い発見を掘り起こす鍵が，たくさん埋まっている。それらを共有するだけでも，学びは深まり得る。

　何をどのように解釈し，それらにどのような意味を見出し，どんなタイミングで，どう提示するかということによっても，社会的事象には何通りもの「見え方」や発見がある。「ゆさぶり」を生み出せるかは，日頃の教師自身の「？」を持つ好奇心，「あたりまえ」を疑う姿勢，発想にかかっている。

参考文献

今井むつみ（2019）『学びとは何か－〈探究人〉になるために』岩波新書.
文部科学省（2015）「次期学習指導要領等に向けたこれまでの審議のまとめ」
　　https://www.mext.go.jp/content/1377021_1_1_11_1.pdf　2020年7月
　　26日閲覧.

（坪田益美）

Q3 社会科における調査・見学のあり方について述べなさい

1. 社会科における調査・見学

　社会科における調査・見学は，子どもたちが，学校の外へ出て，現実社会を直接観察・見学し，人々への聞き取りを行う調査活動のことを指す。調査・見学は，現実の社会に直接触れたり，働きかけたりできるため，社会的事象を具体的かつ実感的に捉えることができ，社会科では欠かすことのできない学習活動である。

　2017（平成29）年版小学校学習指導要領では，観察や見学，聞き取りなどの「調査活動」を，各学年の目標文にも位置づけ，その重要性を示している。同『解説』の「第4章　指導計画の作成と内容の取扱い」では，調査活動を指導計画に適切に位置付けること，ねらいを明確にすること，事前・事後や現地における指導の充実を図ることが，社会的事象を適切に具体的・実感的に捉えるために大切であると示されている。さらに，調査活動として，博物館や資料館などの施設の活用を図ること，身近な地域及び国土の遺跡や文化財などについての調査活動を取り入れること，内容に関わる専門家や関係者，関係の諸機関との連携を図るようにすることが示されている。

2. 調査・見学を充実させるための方法

　社会科では，問題及び課題解決的な学習プロセスを重視する。調査・見学は，その学習プロセスにある問題発見・追究・解決すべてに機会を与えることができる。そして，子ども自らの目で確かめ，耳で聞き，手でさわるなど，体験的に社会的事象にせまることができ，学ぶ楽しさを実感することもできる。ただし，不明瞭な調査・見学を実施してしまうと，「楽しかった」や「面白かった」などの感想のみで，学びにならない活動になってしまう。そこで，充実した調査・見学を行うための方法として次の4点を挙げる。

（1）調査・見学対象の子どもや社会にとっての意味を考える

　何のための調査・見学か，子どもたちの抱く疑問を予想・把握することと，調査・見学を通してみる現実の社会的意味を事前に明確にする必要がある。

（2）単元内での調査・見学の位置づけを明確にする

　調査・見学の単元内の位置づけにより，調査・見学の準備は異なる。調査・見学を単元の前半に位置づける場合には，子どもたちにより多くの疑問を生み出せるような準備が必要であるし，後半に位置づける場合には，予想や既習事項との関連を意識した準備が必要になる。

（3）調査・見学の観点を明確にする

　調査・見学には，社会的事象を追究するための観点を用いることも重要である。例えば，下記のような観点が考えられる。

　①事物や数量：形や大きさ，数量等。例.店の広さ，人数，品物の種類
　②位置や分布：どこにどう広がっているか。例.商品の配置，作物の植え方
　③時間的な変化：時間や季節。例.伝統行事の継続年数，出荷の時期
　④人の動きや工夫：具体的な行動，気をつけていること等。例.店員の動き
　⑤比較や関連：相違点や類似点。例.コンビニとスーパー

　①は，働く人の人数や機材の大きさなど，視覚的に容易に捉えることができる観点である。②〜④は，社会科の学習として，事物や事象を捉えるための観点である。⑤は，①〜④の観点を用いながら，相違点や類似点を考えるための観点である。調査・見学では，①〜⑤の観点を複合的に用いることで，より充実した学習活動を展開し，子どもたちが社会的事象のしくみや意味を追究することができる。教師は，学習目標に合わせ，子どもたちの用いる観点を確認し，調査・見学活動を支援していく必要がある。

（4）事後指導の工夫

　事後指導では，調査・見学によってわかったことと，疑問にのこったことを振り返らせ，まとめる。事後指導は，調査・見学の活動を学びに変える大切な時間である。事後指導の工夫として，調査・見学を振り返り，まとめる方法は，カードを集約したり，ポスターにまとめたり，作文・レポートを書いたり，地図や絵を描いたりなど多様にある。

3. 社会科の調査・見学における新たな動向と課題

　近年，調査・見学活動にタブレット端末を代表としたICT端末を導入した実践例が報告されている。下記にいくつか事例を紹介する。

- ・子ども自身が，店の工夫が分かる写真や動画を撮り，振り返り活動で，写真や動画を選択し発表資料を作成する。(撮影機能や編集機能の利用)
- ・子どもが作成した調査・見学のメモを即座にグループやクラスで共有して意見交換を行う。(共有機能の利用)
- ・グループ毎で活動させた場合，各グループ－教師間で連絡を取り合い，遠隔で活動を支援する。(GPSや連絡ツールの利用)

　以上のように，ICT端末は，調査・見学における子どもの社会的事象への探究をより一層促し，学び合い活動を充実させる補助的な役割を担うことができるといえる。ただし，ICT環境の整っている学校はまだ一部であり，2019年12月に文部科学省「GIGAスクール構想」の発表を受け，現在は全国で整備を進めている状況にある。

　最後に，社会科の調査・見学は，ここで述べてきたような準備や外部機関や人々との調整のために，多くの時間をかけなくてはならない。特に，外部機関や人々との調整は多大な時間を要してしまう。そのため，教師側の時間制約や指導力の不安を理由に，社会科学習としての意義を考慮せず，学校行事の一つとして形式的に実施されてしまうこともある。社会科の体験的な学習活動である調査・見学の意義を教師が深く理解し，学校内外の組織や教師間で協力しつつ，積極的に取り組んでいくことが求められる。

参考文献

小西正雄（2000）「見学・調査・面接」森分孝治・片上宗二編『社会科重要用語300の基礎知識』明治図書，p.266.

羽豆成二（1979）「見学・調査を中心にした学習」朝倉隆太郎編『新社会科指導法事典』明治図書，pp.473-478.

（宮崎沙織）

Q4　社会科における地域人材の活用法について述べなさい

1．地域人材の把握

　小学校学習指導要領解説社会編は「地域にある素材を教材化すること，地域に学習活動の場を設けること，地域の人材を積極的に活用することなどに配慮した指導計画を作成し，児童が興味・関心をもって楽しく学習に取り組めるようにすることである。各学校においては，まず，教師自身が各学校の置かれている地域の実態把握に努め，地域に対する理解を深めるようにする。そして，地域の素材をどのように受け止め，地域の人々や施設などからどのような協力が得られるかについて明確にする必要がある。それらを基に，地域の素材を教材化し，地域の施設を積極的に活用したり地域の人々と直接関わって学んだりする学習活動を位置付けた指導計画を作成することが大切である。」としている。社会や地域に開かれた学校づくりや教育課程の編成が求められるなか，地域の公共施設や人材などの多様な教育資源の活用および連携が今後ますます重要となってくる。

　そのためには，まず年度当初に地域人材の把握と前年度の実践についての情報収集を行いたい。前年度に担当学年を担任していた先生や管理職などから，地域の人材や施設とコラボレーションして，どのような活動が展開可能なのかを情報収集しておきたい。学校によっては，総合的な学習がスタートした時に「地域人材バンク」という登録制度を構築し，地域人材をリストアップしているところもある。外部人材として見落としがちなのが身近な地域人材でもある保護者の存在である。農水産物の生産業や販売業などに従事していたり，役所などの公的機関に勤務していたりと様々な職業に就いており，協力的な存在である。学年便りなどを通じて，早めに協力を呼び掛けたい。

　さらに，地域には様々な施設や場所が存在する。公民館などの公共施設や品物を売る販売店，神社やお寺などの古くからある建物，水田や畑などの農

地，その土地の観光名所などがあり，そこで働く人が存在する。異動して新しい学校に着任した際には，４月当初に学区内を歩き，様々な地域人材や施設を確認しておきたい。

２．地域人材の活用場面

地域の方をゲストティーチャーとして招聘し，地域社会が抱える悩みや課題点について話してもらうことで，課題解決について考えたり，社会参画したりする学習が展開できる。また，児童や生徒が地域の課題を把握することは，学習問題の設定や追究への動機づけにつながる。さらに，単元の終盤においては課題解決を行ってきた学習内容を地域の方へ報告や発表，提案する活動や場面を設定したい。このような地域人材と一緒に活動することを通じて，地域社会への参画意識の基礎を養っていきたい。

社会的事象を多角的な見方や考え方で捉える授業を展開するためには，社会の多様性に目を向ける必要がある。私たちは，高齢者・車椅子が必要な方や視聴覚などに障害のある方・育児世代・外国籍の方などの様々な方と共に暮らしている。第６学年の社会保障に関する学習だけではなく，中学年の学習や総合的な学習におけるユニバーサルデザインや国語科のバリアフリーを扱った説明文の学習などを通じても積極的に交流を図っていきたい。また，第４学年や第６学年の国際理解や国際交流の学習において，地域に住む外国籍の方や留学生との交流はグローバル社会に生きる児童・生徒にとって，人格形成にもつながる貴重な経験となるだろう。

地域には，郷土や地域への誇りや愛情から地域貢献活動を行っている方が多くいる。例えば，児童民生委員・青少年対策委員・保護司・消防団や水防団などの自主防災会・青年団や商工会議所・NPO法人・ライオンズクラブ（ロータリークラブ）などである。また，毎日防犯パトロールや交差点での登下校の見守り活動を通じて，日々の地域の安心や安全を支えて下さっている方もいる。中学年社会科では，郷土愛や地域貢献活動について伺う機会を積極的に設け，郷土を誇りに思う児童の育成につなげていきたい。

地域人材は，教師が持ち合わせていない生活体験や技術を豊かに持つ人で，

学習にとって価値のある方を積極的に招聘したい。例えば，地域には生け花，水墨画，茶道を趣味として嗜まれている方がいる。これらは室町・安土桃山時代に華やいだ文化である。また，平安時代の和歌や百人一首，江戸時代の俳句や浮世絵収集を趣味とする方もいる。歴史学習での文化の学習では，地域人材を積極的に活用した体験活動を実施したい。そのために，保護者だけではなく，公民館やカルチャーセンターを通じても地域人材を探したい。

　さらに，戦後75年以上経過し，太平洋戦争における空襲や学童疎開の経験を話してもらえることが次第に困難になりつつある。これらは可能なうちに実施して，映像に記録しておきたい。現在小学校に通う児童の祖父母は，東京オリンピック・パラリンピック大会（1964年）や大阪万国博覧会（1970年）を経験した世代かもしれない。戦後復興や高度成長期の授業において招聘することが可能である。

3．事前の詳細かつ丁寧な打ち合わせ

　見通しをもって活動するために，放課後や長期休業中の時間に，ゲストティーチャーのお宅へ伺い，授業に向けた詳細かつ丁寧な打ち合わせを行いたい。外部人材は教師ではないため，授業時間の全てを丸投げしては上手く機能しない。また，日頃の思いの丈をここぞとばかりに全部述べたがる方もいる。授業時間がオーバーしたり内容が目標とずれたりしてしまうことも多い。事前の打ち合わせでは，授業の目標に沿うように，どの場面で何について，何分間程度で語ってもらうのか，交通費や謝金の話などに関しても丁寧に確認しておくことが重要である。

参考文献

文部科学省（2018）『小学校学習指導要領（平成29年告示）解説社会編』
　　日本文教出版.

（神野幸隆）

Q5 社会科における教科書の活用法について述べなさい

1. 教科書の使用義務と「主たる教材」という性格

　教科書は，法律によって使用義務が課されている唯一の教材として，「主たる教材」という性格を有している。

　使用義務に関しては，「学校教育法」の第34条第1項を参照することが求められる。そこには，「小学校においては，文部科学大臣の検定を経た教科用図書又は文部科学省が著作の名義を有する教科用図書を使用しなければならない」という文言がある。つまり，授業における教科書未使用は法律違反となる。ちなみに，2020（令和2）年7月現在，検定済教科書を発行しているのは，三社（教育出版，東京書籍，日本文教出版）のみである。

　ただし，児童の学習を深めるためには，教科書だけで授業を進めることは必ずしも得策とはいえない。児童や地域の実態に即して独自に教材研究を進め，授業でそれを活用することは，教員の重要な仕事の一つである。大切なことは，主たる教材が教科書であることを忘れないことである。文部科学大臣の検定を経た教科書と教員自らが開発した教材を上手に関連付けながら授業を進めることで初めて，児童の教育効果は高まるのべきである。

2. 教科書の有する三つの機能

（1）内容伝達機能

　授業で教科書を使用するにあたり，教科書の有する機能を念頭におく必要がある。機能は，三つある。その一つ目の機能が，内容伝達機能である。

　教科書の第一の役割は，学習内容を伝達することにある。社会科では従前より「知識の教え込み」が課題とされてきた。しかし，その原因は教科書そのものにあるのではなく，教科書の使い方にこそある。教科書を上手く使用すれば，「知識の教え込み」は十分に乗り越えることができる。「知識の教え

込み」を強く意識するがあまり，教科書を使用しなかったり，教科書に掲載された基礎的・基本的な知識を，児童にしっかりと理解させなかったりする方が，社会科授業にとっては大きな損失である。留意すべきは，知識は暗記するためにあるわけではないということである。知識の活用を前提とした，知識の習得こそが目指されるべきである。

（2）探究促進機能

習得された知識を活用することで，児童の探究活動が促進される。ここに教科書の二つ目の機能，探究促進機能が成立する。

教科書を開いて，その中身を確認して欲しい。文字よりも，写真やイラストの方が多いことに気づくだろう。なぜか。それは，児童の意欲を喚起するため，そして，探究の筋道を児童にわかりやすく説明するためである。教科書に沿って授業を進めれば必然的に，児童の探究が深まるほどに，教科書は今日では大いに改良されている。学習指導要領で「主体的・対話的で深い学び」が強調されれば，教科書もその理念を反映させた紙面構成がなされる。さらに，「社会的な見方・考え方」を働かせることで深い学びが成立するとなれば，その趣旨に沿った場面が，教科書に必ず設定される。教科書をじっくりと読み込むことで学習指導要領の理解を進め，さらに，教科書から教材研究を開始することも十分に可能である。

（3）技能習得機能

社会科では他教科等にはない，特別な技能を扱う。技能習得機能としての教科書の役割を意識できれば，児童の探究をさらに深めることができる。

具体的な技能として，例えば，地図の読み方がある。地図の上が北であることに始まり，さまざまな地図記号，さらに，日本地図と世界地図。地図は地理的な内容だけでなく，歴史的な内容の授業でも活用される。そのため，内容理解にとっても探究促進にとっても，社会科では非常に重要な役割を果たすことになる。また，グラフの読み方も大切である。社会科で扱うグラフには，算数では取り上げない，社会科特有のものもある。雨温図は，その典型である。一つのグラフに，降水量と気温という二つの情報が入っているために理解は決して容易ではない。しかも，正確に読み取れないと，その土地

の気候の理解が困難になる。ここで触れた地図やグラフの他には，図書館の活用やインタビューの仕方など，調べ方に関わる技能もある。これらはすべて教科書の上で，その習得が目指されるものである。

3. 教科書を使用した問題解決的な学習の実現

社会科の基本は，問題解決的な学習である。教科書もそのことを意識した上で，紙面構成がなされている。

問題解決的な学習は，何が解決されたかの結果ではなく，どのように解決されたかの過程を大切にする学習方法である。また，その過程は学習段階として示されることが多く，社会科であれば例えば，「問題把握」→「問題分析」→「問題解決」と構造化される。教科書を開くと，学習段階が明確に記されていることに気づくだろう。児童は単元ごとに，この学習段階に沿って繰り返し問題解決的な学習を展開する。そうすることで，問題解決的な学びの方法を身に付け，さらに，問題解決能力を獲得することになる。このような工夫が，教科書ではなされているのである。

小学校社会科では数時間から構成される単元を基本に，学習活動が計画・実施される。しかし，単元開発は決して容易ではない。そこで役立つのが教科書である。教科書は児童の学びの助けになるだけでなく，教員の授業づくりにも役立つものである。社会科で問題解決的な学習を実現するためにも，教科書の有効な活用が望まれるであろう。

昔と今の教科書，外国と日本の教科書，様々な出版社の教科書，そのような比較を通して教材研究を深めることもできる。教科書は一つだが，その使用方法は教員ごとに異なってもよい。さまざまな教科書を参考書として役立てて，個性的な授業づくりに努めて欲しい。

参考文献

ヨーラン・スバネリッド（2016）『スウェーデンの小学校社会科の教科書を読む－日本の大学生は何を感じたのか』新評論.

(唐木清志)

Q6　社会科における地域副読本の活用法について述べなさい

1．これまでの副読本の性質と活用

　2008（平成20）年版学習指導要領までの社会科では，小学校3・4年生（以下中学年）の学びは2年間で地域の実情に沿った形で，共通の6項目の指導がされてきた。学習に当たって，子どもの持つ教材の基本構成は教科書と地図帳そして副読本であった。中心的教材の教科書は，教科書会社が各社それぞれの特徴を出しつつ，前述したように学習指導要領に示された内容に関して，日本中どこの学校においても目標に到達をすることができるような典型的な事例が紹介されている。一方では，検定を通過する以上その枠の中で記されているわけで，教科書に大きな差異はないという見方もできる。また，学び方についても問題解決的な学習の手順が示され，学び方も学べるように構成されており，社会科の入門期において，一定の学習が保証されるようになっている。

　一方で，副読本の記述内容は地域ごとに編集が任されており，各学校や教師は社会科授業において目標への到達のために利用を行ってきた。構成も2年間を合冊や学年ごとに上・下分冊にする等，教科書ではないので各地域の教育委員会や社会科教員が執筆をする中で，地域独自の工夫を凝らした編集がされ，教科書とは異なる中学年社会科の重要な教材としてその役割を担ってきた。

　しかし，中学年の社会科指導は社会科を専門教科としない学級担任が担うことも多く，教科書と副読本の違いや扱いを大きく意識しない授業も見られる。特に3・4年生は地域の内容を扱うことが多く，単元の内容を伝えようと，地域教材である副読本を主教材に記された内容を解説するだけのような授業も見られる。副読本には市や県の様々な特徴的な対象事例が記されているが教師は社会科授業は子どもたちへ副読本を使って表面的に地域の様子を

解説すればよいわけではない。教科書との違いや，副読本教科書との違いや，副読本執筆者の意図を吟味し，子どもと地域を無理なくつなぎ合わせるために，次のような副読本の性格を知り，授業内容の教材研究が必要である。

（1）読解（解説）型の副読本

教科書との併用が想定され，教科書で学習方法を中心に学び，副読本には学習内容に迫る地域の社会的な事象が文章等によって記述されている。地域によっては，資料集的なデータ中心の副読本もある。学習場面での取り扱いとしては，課題に対する調べ活動の中で記述内容を読み取り，その記述から発見したことをまとめるという扱いと，教科書との比較やその発展事例として，地域を活用しながら目標に迫る扱いが考えられる。

（2）学習方法重視型の副読本

このタイプは，中学年の社会科授業は副読本を中心に構成しようと配慮しているため教科書に類似しており，学習展開まで考えた構成がされている。地域素材を中心にした単元の構成となっているため，副読本を学べば地域を素材として目標に到達できるような学びが配慮されている。

2．これからの副読本の役割と効果を高める副読本の使用

2017（平成29）年改訂学習指導要領では，育成すべき「資質や・能力」にもとづき，目標・内容ともに第3学年と第4学年で学習すべきことが明確に区分された。同時に，中学年の発達に沿った社会的事象の見方・考え方を働かせながら地域の社会的事象に迫ることが求められているため，副読本を授業で扱う場合も，見方・考え方の考慮は必要である。

そこで，副読本の利用に関して教師が気を付けなければいけないことは，身近な地域だから子どももよく知っているだろうと錯覚をすることである。記載されている事実は，子どもたちの生活圏であり取り上げられている対象も目にしていることは多い。しかし，社会科は地域にある社会的事象の表面的なことを学ぶわけではない。知っているだろうと教師が思いこんでは，学習者への見方・考え方の育成が滞ってしまうことになる。

また，学習過程についても学習指導要領には課題を把握し，追求，課題

解決の三段階が示され，動機づけの大切さや情報収集，考察・構想などが記された。つまり子どもたちに地域は身近で分かっているつもりだったけど，実は深く考えたことがなかったということに気付けるような動機づけや追求の過程の工夫が求められたのである。

　さらに3・4年生の目標と内容が分離されたため3年生の学習では接続カリキュラムを意識し2年生までの生活科で培っている問いの発見から気付きの質の深まりという一連の学習スタイルを受け継ぎ，学びを滑らかに発展させる必要がある。学習者にとって副読本を活用して無理なく問いを発見出来るような学習の工夫が必要である。例えば単元の最初の時間には，これから学習しようとする副読本の一単元分を自由に概観し，地域で知っていること見たことのマッピングなど動機につながる学習したいことの整理や「なぜ」と思った問いを共有しあう中から問いの吟味を始めるということも考えられる。副読本は教科書ではないだけに，地域や児童の実態，副読本と教科書を自由に組み合わせた教師による単元や授業の構成が大切になる。学年や内容に応じた展開を仕組めば，中学年の子どもたちにとって有効な学習材であることは間違いない。

　副読本をきっかけにして，子どもたちの主体性を育み学習で出会う対象との関わりを繰り返し，社会の仕組みが分かっていけば，子どもにとっての地域は単なる空間や時間として近い存在ではなく，身近な社会として愛着と認識を深める社会の入り口になる。

　教師はこのような点を踏まえ，副読本の性格や情報を整理して教材研究を行い，授業での活用に挑みたい。

参考文献

日台利夫（1977）「社会科副読本の扱い方」『教育科学社会科教育』No.168，
　　　明治図書.

小西正雄（1999）「地域副読本の未来像」『教育科学社会科教育』No.474，
　　　明治図書.

（須本良夫）

Q7 社会科における地図帳の活用法について述べなさい

1. 小学校社会科における地図帳の現在

　2017（平成29）年版小学校学習指導要領より，第3学年から地図帳（教科用図書　地図）が配布されることとなった。1955（昭和30）年に第4学年から配布される教科用図書として地図帳が定められて以降，初めてのことである。これは，社会的見方・考え方の段階的な学習指導を行うことや，グローバル化の影響から，早期から世界各国・地域の情報にふれることなどを踏まえ，実施される。学習指導要領『解説』の「第4章　指導計画の作成と内容の取扱い」には，日常的な地図帳の活用によって，位置や空間的な広がりに着目して社会的事象を捉える見方・考え方を養うことができることや，地図帳が問題解決のための教材となることが示されている。そして，日常の指導の中で，折に触れて，地図の見方や地図帳の索引の引き方，統計資料の活用の仕方などを指導し，地図帳を自由自在に活用できる知識や技能を身につけるようにすることが大切であるとしている。現在の地図帳は，都道府県や各地方，日本列島，世界の諸地域等の地図だけでなく，主題図や統計・索引・写真・挿絵・グラフ・鳥瞰図等も掲載され，内容が豊富である。学習の諸場面に常に，地図帳があり，「地図帳のどこを見たらよいのか」という問いとともに，学習を展開させたい。

2. 地図の見方と段階的な活用方法

　授業で地名が出てきたら地図帳の索引を引き，その位置を調べるといった活動が一般的に行われている。だが，地名の位置を確認するだけで，地図帳を閉じてしまえば，活用しているとはいえないだろう。
　そもそも，地図の見方の基本は，記号（凡例）と方位，縮尺等を読むことである。地図の記号は，点記号・線記号・面記号から成る。そして記号の相互

関係性（いわゆる位置や場所・地域の特性）を読むためには，方位や距離の概念が必要である。距離を測るには，縮尺が重要である。小学校では，これらを発達段階に応じて，指導していくことが求められる。ここでは，3段階に分けて，地図帳の活用方法を提示したい。

（1）身近な生活環境の地図化

まず，地図帳の導入前に，教室や身近な地域（学校周辺）の地図化を行いたい。写真や絵，色を使い，その場所を伝える記号を考えたり，前後左右など方位につながる表現や，自分から近い・遠いなど距離・縮尺につながる表現を用いたりして，ポスター等の平面図やブロック等を利用した立体図といった地図作成の学習活動を行い，事前に地図の見方の基礎を培いたい。

（2）境界や面／形に着目する

次に，点や線記号とともに，土地利用や行政区分など，地図における境界や面にも着目させる。例えば，身近な地域を中心にして，市町村や都道府県…と，対象範囲を徐々に広げながら，身近な地域の位置や特徴をマルチスケールの視点で追究させることもできる。また，産地調べで市町村や都道府県，外国の地名が出てきたときには，地図帳を使い，位置や産物の絵記号だけでなく，対象となる地域の形や大きさに着目したり，地域を構成する色の読み取りから地形や土地利用の特色を捉えたり，それらを比較したりする活動を行うことが考えられる。

（3）空間的な相互関係に着目する

小学校高学年では，空間的な相互関係を地図帳で捉えさせたい。例えば，米づくりの単元では，地図帳に掲載されている統計と地図を活用し，自然条件との関係を追究できる。地図帳にある都道府県別の統計（米の生産額）から都道府県や地域を選択し，そして地図に示される記号や土地利用から，田が平野や盆地に広がっていることに気づく。そして，気候や河川，山地との関わりの視点から，田の広がる平野や盆地の類似点や相違点を検討することで，米づくりと気候や地形などの自然条件との関わりを見いだすことができる。また，歴史領域の学習においても，地図帳には，歴史の舞台となった主な場所やむかしの境界についても地図で示され，歴史的事象を空間的な位置

関係から確認することができる。

３．地図帳を活用する意義

　近年，GIS（地理情報システム）やGPS（全地球測位システム）の発展により，国土地理院によるウェブ地図の地理院地図やIT企業による地図検索サービス，地方自治体による地域防災マップなど，日常生活の中で，ローカルからグローバルな規模まで多様な地理空間情報が提供され，接する機会が増えている。これらの地理空間情報は，文字情報だけではとらえきれない地域や社会の複雑なしくみや構造の理解を可能にし，まちづくりや防災，環境などの社会をとりまく様々な問題解決の手助けにもなっている。

　学校教育においても，地理空間情報を活用した問題解決能力の育成は必須であり，それは地理空間情報の詰まった地図帳の活用によって達成されるだろう。地図帳は，各地域の地図だけでなく，気候や産業・交通・歴史など，様々な主題図や統計・挿絵・グラフ・鳥瞰図等を掲載し，多くの地理空間情報に触れる機会を提供している。また，デジタル地図帳も提供され始め，地図の表示要素を選択したり，統計を地図化したりなど，地理空間情報を学習者自らの選択判断で，構成することも可能となった。

　以上より，社会科の学習では，学年や発達段階に応じた地図の見方を働かせる支援を行い，地図帳にある様々な地図・統計等を積極的に活用させることで，社会的事象の空間的なしくみや構造をより深く認識させることができる。そして，教師側も地図を読み・活用する技能を習得し，社会科授業で折に触れて，導入していくことが求められる。

参考文献

中村和郎・高橋伸夫・谷内達・犬井正編（2009）『地理教育講座 第Ⅲ巻 地理教育と地図・地誌』古今書院.

寺本潔（2020）『空間認識力を育てる！おもしろ「地図」授業スキル60』明治図書.

（宮崎沙織）

第 4 章　社会科の学習評価法

Q1 社会科における学習評価の基本的な考え方について述べなさい

1. 指導と学習改善のための学習評価

学習評価は，教員が指導の改善を図ったり，学習者が学びを振り返り，自らの取り組みを改善したりするために行われる。教員は，授業のねらいをどこまでどのように達成したかだけではなく，個々の学習者がどのように成長しているか，より深い学びに向かっているかどうかを捉えていくことが必要となる。そして，一単位時間，単元，年間の教育課程全体や学習・指導方法の評価改善を進める必要がある。そのためには，学習状況を分析的に捉える観点別学習状況の評価と総括的に捉える評定とを，学習指導要領に定める目標に準拠した評価として実施することが求められる。小・中・高等学校ともに「知識・技能」「思考力・判断力・表現力等」「主体的に学習に取り組む態度」の評価観点が整理されている。その際，「学びに向かう力・人間性等」の資質・能力における感性や思いやり等は，観点別学習状況の評価の対象外とされる。

2. 評価観点と評価方法

学力の3要素（①基礎的・基本的な知識・技能の習得，②課題を解決するために必要な思考力・判断力・表現力，③主体的に学習に取り組む態度）をどのように評価すればよいのか。

（1）知識・技能

暗記社会科が批判される一方，テストは知識量を測っていることが少なくない。また，学習者が見学調査する姿や，集団での話し合いや発表の様子，ノートのまとめ方から社会科の学力が身についているとの誤解がある。前者は，結果として身に付けられた知識を，後者は技能を評価している。知識は地名や人名，年号や用語などの事実的知識と，それら知識を関連づけ，社会的事象を説明する説明的知識に分けられる。いつ，どこ，だれ，何を問う場

合，答えを知っているか，知らないかの有無で測られる。なぜ，どのようには，社会的事象についての説明が求められる。評価方法・手段の工夫により，説明の思考過程を可視化することが鍵となる。

　技能は，学習活動としての観察や調査，インタビューの仕方，表現物の作成（報告書，レポート，新聞づくり等），また今後，ボランティア活動や地域行事等，直接・間接的な社会参加の状況を見取る内容記述が必要となる。

（2）思考・判断・表現

　思考・判断・表現は，「社会的な見方・考え方」を通して知識を構造化し，考察・判断する過程を見る。「社会的な見方・考え方」は，社会的事象等を見たり考えたりする際の視点や方法であり，時間，空間，相互関係等の視点に着目して事実等に関する知識を習得し，それらを比較，関連付けて考察・構想し，特色や意味，理論などの概念等を得る。学習指導要領の内容について，「社会的な見方・考え方」と概念等に関する知識は，５Ｗ１Ｈの問いによって原因・結果，影響，目的・手段，理由，予想等の回答を導くのかを整理しておくことが必要である。その過程で，比較，分析，関連，説明，概括，評価，総合等の知的操作をどのように働かせ，表出されるのかを見取る。言語活動における表現内容を収集し，具体の評価規準（基準）の作成が鍵となる。

（3）主体的に学習に取り組む態度

　主体的な学びの過程の実現に向かっているかどうかという観点から，学習内容に対する学習者の関心・意欲・態度等を見取り，評価していくことが求められる。興味・関心・意欲は，教材の工夫や教師の働きかけによって喚起する一方，学習者自身がどのように達成状況や課題が何であるかを確認しているか，粘り強く集中して学習に取り組んでいるか等の様子を見取る評価方法・手段の工夫が必要となる。児童生徒の学習の調整が知識及び技能の習得などに結び付いていない場合には，教師が学習の進め方を適切に指導することが求められる。具体的な評価の方法としては，ノートやレポート等における記述，授業中の発言，教師による行動観察や児童生徒による自己評価や相互評価等の状況をどのように見とるのか，学習に対する形成的評価や結果としての学習状況を見るなど目的・方法・場面を明確にしておきたい。

3．学習評価のための評価規準表の作成

　目標に準拠した観点別学習状況の評価を行うためには，観点ごとに評価規準を定める必要がある。評価規準とは，観点別学習状況の評価を的確に行うため，学習指導要領に示す目標の実現の状況を判断するよりどころを表現したものである。評価規準表の作成にあたっては，学習指導要領に示された教科及び学年や分野の目標を踏まえ，「評価の観点及びその趣旨」が作成されていることを理解した上で，①「内容のまとまり」と「評価の観点」との関係を確認する，②【観点ごとのポイント】を踏まえ，「内容のまとまりごとの評価規準」を作成する。各観点の作成については，次のポイントを踏まえる。

○「知識・技能」のポイント
・「知識」については，「…理解している」かどうかの学習状況を表す。
・「技能」については，「…身に付けている」かどうかの学習状況を表す。
○「思考・判断・表現」のポイント
・「思考・判断・表現」については，「…考察（，構想）し，表現している」かどうかの学習状況を表す。
○「主体的に学習に取り組む態度」のポイント
・「主体的に学習に取り組む態度」については，「よりよい社会の実現を視野にそこで見られる課題を主体的に追究（解決）しようとしている（地理的分野・歴史的分野）」か，「現代社会に見られる課題の解決を視野に主体的に社会に関わろうとしている（公民的分野）」か，どうかの学習状況を表す。

　学習指導要領の目標や内容，「内容のまとまりごとの評価規準」の考え方等を踏まえ，単元ごとの評価は，次のように行う。①単元の目標を作成する→②単元の評価規準を作成する→③指導と評価の計画を作成する→④観点ごとに総括する。評価の具体としては，学習到達の基準となる実現状況を具体的に記述したルーブリックが必要となる。

参考文献

文部科学省（2018）『小学校学習指導要領（平成29年告示）解説社会編』
　　　日本文教出版.

（峯　明秀）

Q2　社会科における学習評価の変遷について述べなさい

1．社会科における評価論の原型

　1947（昭和22）年に新設された社会科においては，当初，指導要録は十分な機能を果たしていなかったとされるが，1948（同23）年の学籍簿（1949［同24］年に指導要録に名称変更）では，5段階相対評価が採用されている。

　一方，初期社会科における学習指導要領，なかでも1951（同26）年改訂の『小学校学習指導要領社会科編（試案）』は，社会科における評価論の原型と位置づけられる。本書では，第5章が「社会科における評価」にあてられており，「社会科で評価の対象としてとりあげることは，単に個々の児童の学習成果だけでなく，もっと広い範囲の事がらであって，少なくとも次にあげる三点に及ばなくてはならない」として，①学習指導計画，②学習指導法，③児童の学習成果を挙げ，相互に関連をもつそれぞれの評価の観点について詳述している。また，このなかでは「最初に明記して特に注意をよびおこしておきたいことは，社会科において指導と評価とが，絶えず結びついていて，切り離すことができないということである。（中略）評価は終点ではない。新しい出発点である。次の指導のために役だたない評価は死んでしまっている。このことが明確にされていないかぎり，正しい評価は，成立しえないのである」として，指導と評価の一体化とその重要性が明確に説かれている。本書に示されたような社会科における評価論は，その後，社会科の初志をつらぬく会に継承されていくことになるが，全体としては十分に根づくことのないまま，1950年代以降の学力論争へと入っていくことになる。

2．「形成的評価」の隆盛と「到達度評価」の登場

　1960年代後半以降，相対評価に対する本格的批判がなされる中で，1970年代半ば以降，アメリカから移入されたブルーム（Bloom, B.S.）らによる

「形成的評価」が隆盛を迎えるとともに，その影響を受けた「到達度評価」が登場することになる。「到達度評価」は，到達目標を設定した上で，子どもたちがその目標に到達したかどうかで学力の評価を行うもので，5段階相対評価を批判・克服することが企図されていた。このように，「到達度評価」は子どもたち一人ひとりの学習状況を捉えながら学力保障を図っていくことを目指したもので，そのために実践の展開過程に即して，評価の機能を「診断的評価」，「形成的評価」，「総括的評価」の三つに分けることを提起している。

　以上のような学習評価の考え方，なかでも「形成的評価」は指導に生かす評価の典型として，その後の社会科における学習評価の在り方に大きな影響を与えていくことになる。

3．指導要録改訂（1980年）による「観点別評価」の導入

　1970年代以降，それまでの教育の現代化・科学化への批判や問い直しを経て，教育の人間化が強調され，豊かな人間性の育成が目指されるようになる。このようななか，1977（昭和52）年改訂学習指導要領の趣旨に対応した1980（同55）年改訂指導要録では，「各教科の学習の記録」において「評定」とともに新たに「観点別学習状況」の欄が設けられ，「観点別評価」が導入されることになる。

　この時期の社会科における観点別評価では，「知識・理解」，「観察・資料活用の能力」，「社会的思考・判断」，「社会的事象に対する関心・態度」の4観点が設定され，それぞれの評価の観点ごとに，子どもたちの目標の達成状況を絶対評価することとされている。また，各教科における評価の観点の一つとして「関心・態度」の観点が設けられるなど，それまでの社会科における学習評価が知識・理解や技能などの認知的側面を評価の対象とするものが主流であったのに対して，興味や関心，態度などの情意的側面の評価への注目がなされていることも特徴の一つである。

4．「目標に準拠した評価」への転換と「真正の評価」の展開

1989（平成元）年における低学年社会科の廃止と生活科の新設や2000（同

12) 年における「総合的な学習の時間」の新設など，この時期から社会科は大きな転換期を迎えることになる。このようななか，2001（同13）年改訂指導要録では，1948（昭和23）年以来，一貫して採用されてきた相対評価（「集団に準拠した評価」）に代わって，「目標に準拠した評価」が「評定」を含めて全面的に採用されることになる。「目標に準拠した評価」は，明確な目標を設定した上で，その目標を評価規準として子どもたちの到達度や達成度を評価するものであるが，あわせて子どもたち一人ひとりのよさや可能性，進歩の状況を積極的に評価する観点から，「総合所見及び指導上参考となる諸事項」の欄において「個人内評価」を一層重視することとされている。

　この時期における教育評価に関わる理論・実践に関しては，1990年代後半には，「総合的な学習」にふさわしい評価方法として「ポートフォリオ評価法」が，また2000年代前半には，2003（平成15）年のいわゆるPISAショックに対応するかたちで「パフォーマンス評価」が紹介・導入されるなど，「真正の評価」が注目を集めることになる。「真正の評価」は，できるだけ現実の社会や生活に近いリアルな課題に取り組ませるなかで子どもたちを評価しようとするもので，「目標に準拠した評価」を強化するために提起されたものとされる。近年，社会科における学習評価として「真正の評価」を取り入れた多くの実践が展開を見せており，今後の実践・研究の更なる蓄積と進展が期待されている。

参考文献

谷川彰英（1994）「『新しい学力観』における『観点』の構造－その歴史的背景を中心に」日本社会科教育学会編『社会科教育研究』No.70, pp.1-9.

溜池善裕（2017）「社会科における評価と学習指導の一体化－思考体制の変化と集団的思考をとらえる手がかりに着目して」日本社会科教育学会編『社会科教育研究』No.132, pp.1-13.

西岡加名恵・石井英真・田中耕治編（2015）『新しい教育評価入門』有斐閣.

（熊田禎介）

Q3 社会科における観点別評価について述べなさい

1. 観点別評価とは

　教科等の教育活動では，子どもたちの学習状況（学力）を捉えるために，「観点別学習状況の評価」（以下，観点別評価）を実施する。各観点の評価を総括したものが，「評定」となる。評定（小学校第3学年以上）は，3段階で行われる。これらは，小学校児童指導要録に記録される。小学校児童指導要録は各学校で，子どもの「学籍」と「指導」に関する記録を残すために作成される文書であり，進学や転校の際にも引き継がれる。なお，「通知表」や受験で用いる「内申書」とは異なる。

　2010年改訂の指導要録において，観点別評価は「関心・意欲・態度」「思考・判断・表現」「技能」「知識・理解」の4観点で構成されていた。2019年改訂の指導要録で「知識・技能」「思考・判断・表現」「主体的に学習に取り組む態度」の3観点となった。各観点は，学習指導要領の目標に準拠したものである。なお，学習指導要領では，「知識および技能」「思考力，判断力，表現力等」「学びに向かう力，人間性等」が目標となっている。しかし，「学びに向かう力・人間性等」は個人内評価が適切な要素を含んでおり，観点別評価では「主体的に学習に取り組む態度」に限定している。

　観点別評価は，「目標に準拠した評価」の手法である。かつての指導要録では，学校や学級集団の中で，子どもの相対的な位置を把握すること（集団準拠評価／相対評価）を中心としていた。子どもたちの序列化は出来るものの，子ども一人一人の学習状況やその変化を把握することが難しく，教育計画や学習指導の改善に必要な情報が得にくいものとなっていた（棚橋健治，2011）。こうした問題を克服するために，観点別評価が重視されることになった。理論的な背景には，ベンジャミン・ブルームのタキソノミー等がある（田中耕治，2008）。各観点で，具体的にどのような子どもの姿を想定するか，どのような段階を設定するかは，各学校や教員に目の前の子どもの実

態や社会情勢を踏まえて決めることが求められる。

2．社会科の観点別評価

　社会科の観点別評価は，子どもが社会をどこまで，どのように分かっているのか（分かるための方法を含む）を把握するために行う。教員は，教科目標を十分に理解した上で，各学年の目標や内容を踏まえ，評価規準を作成する。近年，「子どもにどのような資質・能力を育てるか」ということが強調されているが，社会科においては同時に，教育内容をしっかりと理解した上で，評価のあり方を考える必要がある。

　小学校学習指導要領では，「身近な地域や市町村の様子」「地域に見られる生産や販売の仕事」等を始めとして，第3学年から第6学年までに全17項目の「内容のまとまり」が想定されている。小学校社会科では，内容ごと，子どもに育成をめざす資質・能力の具体的な姿を設定した上で各単元の計画を行う。これによって，目標・内容・方法と評価の一貫性を担保する。単元計画の段階では，いつ（時期），どこで（場面），どのように（方法），子どもの学習評価を行うかを明確にすることが求められる。

　2019年改訂の指導要録では，知識と技能を合わせて1つの観点としている。子どもたちが社会的事象（地域における販売や生産等）について，技能を駆使して，調べたり，それをまとめたりする中で，様々な個別的な知識を知り，「社会的事象の特色や意味」（概念）を分かるようになると考えられている。

　思考力・判断力は，子どもたちが社会的事象に向き合い，社会との関わり方を選択・判断する中で育まれる。これらを，子ども自身が表現したもので捉える。表現の場面を学習過程の中で計画的に設定することが大切である。したがって，思考力・判断力と表現力は一体的に扱われる。

　主体的に学習に取り組む態度は，社会的事象や問題を追究・解決する姿勢，それを自らの社会生活に生かしていこうとする態度を捉える。粘り強さや学習を自律的にコントロールしていく力，といった非認知的能力（社会情動的スキル）が中心となっている。3観点は不可分なものと理解し，観点別評価

をおこなうことが求められる。学習評価の考え方を理解することは，なかなか難しいかもしれない。例えば，文部科学省　国立教育政策研究所　教育課程研究センター（2020）では，教科等ごとに「学習評価に関する参考資料」が具体的な事例と共に提示されている。こうした資料を参照しながら，具体的に考えて欲しい。

　評価というと，多くの場合は用語や年号を暗記して臨むペーパーテスト（穴埋め問題）がイメージされる。また，評価は単元の学習終了後におこなうと思われがちである。しかし現在では，そのような評価のあり方は，学習指導要領でも想定していない。ポートフォリオ評価やパフォーマンス評価といった複数の方法が推奨され，ペーパーテストも思考力・判断力・表現力を問うものへ改善が図られている。単元の中で，子どもが表現する場面を意図的に組み込み，子どもたちの成長や変化を継続的に捉えていくことが大切である。それゆえ，評価の客観性を保障するためにも，ルーブリック（評価の観点や段階を明確にした表）を作成していくことが求められる。評価は，授業の目標・内容・方法に影響を与える。新しい評価のあり方を教師が理解することは，学習指導要領の趣旨を実現していく上で鍵となる。

参考文献

石井英真・西岡加名恵・田中耕治編著（2019）『小学校新指導要録改訂のポイント』日本標準.

社会認識教育学会編（2019）『小学校社会科教育』学術図書出版社.

国立教育政策研究所 教育課程研究センター（2020）『「指導と評価の一体化」のための学習評価に関する参考資料 小学校社会』東洋館出版社.

棚橋健治（2011）「社会科の評価」全国社会科教育学会編『社会科教育実践ハンドブック』明治図書，pp.225-228.

田中耕治（2008）『教育評価』岩波書店.

（渡邉　巧）

Q４　社会科における「知識・技能」の評価法について述べなさい

１．「知識・技能」とは

　2017（平成29）年改訂学習指導要領解説（以下，解説）に依拠すれば，「知識」には大きく分けて２つのレベルがある。それは，「主として用語・語句などを含めた個別の事実等に関する知識」，すなわち事実的知識と，「主として社会的事象等の特色や意味，理論などを含めた社会の中で汎用的に使うことのできる概念等に関わる知識」，すなわち概念的知識である。第３学年の内容「販売の仕事」を例にとれば，「スーパーマーケット（以下，スーパー）で販売されているほうれん草は千葉県産である」は事実的知識，「私たちの食生活は他地域とのつながりによって支えられている」は概念的知識である。加えて「知識」は，適切なアウトプットを根拠とする「理解」（＝正しくわかること）をもその範疇とする。これは，「知識」が生きて働くものだということを意味している。

　「技能」とは，同じく解説によれば，「問題解決に必要な社会的事象に関する情報を集める技能，集めた情報を『社会的事象の見方・考え方』に沿って読み取る技能，読み取った情報を問題解決に沿ってまとめる技能などである」。たとえば，普段口にしている野菜や果物の産地を知るために，スーパーに行きパッケージ等からそれを読み取る，野菜や果物が日本全国さらには外国からも運ばれてきていることを知るために，産地を白地図に書き込み自分たちが住む地域と矢印で結ぶ，といったものである。こうした「技能」の習得場面はすべての単元で設定されており，繰り返し「技能」を発揮することで「活用」が可能となる。この意味で，「技能」も「知識」同様，生きて働くものである。

２．どの場面をどうやって評価するか

　先ほど，「知識」は生きて働くものであると述べた。具体的には，事実的知識であれば事実を正確に捉えたもの，概念的知識であれば社会的事象の特色や意味を深く捉えたものである。「事実を正確に捉える」には，確かめが必要である。たとえば，「スーパーで販売されているほうれん草は千葉県産である」ことは，商品のパッケージやウェブサイトなどによって確かめることができる。この作業により，事実的知識の獲得が裏づけられる。また，「事象の特色や意味を深く捉える」とは，角度を変えての説明ができることである（これは，概念的知識の活用が可能な状態にあることをさす）。たとえば，「私たちの食生活は他地域とのつながりによって支えられている」でいえば，想定される，これが失われた事態についての説明，つまり，「他地域から食べものが届かなくなったら，すべて私たちの地域でつくらないといけないからたいへんだ」などである。事実的知識も概念的知識も，何らかのかたちでのアウトプット，たとえばノートの記述内容や授業中の発言内容などから評価できる。

　「技能」は，見学・調査で野菜や果物のパッケージを写真におさめる，パッケージから産地をつかむ，産地を白地図に記すなどの活動場面から評価できる。ここで留意すべきは，「技能」の発揮は事実的知識と結びついているという点である。ゆえに「技能」を評価する際には，結果としての正しい「知識」を導出できているか否かも判断しなくてはならない。逆に「知識」を評価する際には，ノートの記述内容といった結果だけでなく，「技能」発揮のプロセスにも注意を払うべきである。

　そして，概念的知識に至るには，比較・分類，総合，関連づけといった「社会的な考え方」を働かせ，思考・判断・表現することが必要である。これは子どものパフォーマンスから評価できる。「思考力・判断力・表現力」の評価法については，本項の範囲を超えるのでこれ以上踏み込まない。ここでは，概念的知識を獲得するには「技能」と「思考力・判断力・表現力」の接続が不可欠だということのみ，確認しておきたい。なぜなら，「知識」は入れ

子構造となっており，「技能」と結合する事実的知識は，「思考力・判断力・表現力」と結合する概念的知識の基礎として位置づけられるからである。

　さらに，事実的知識と概念的知識は，「技能」や「思考力・判断力・表現力」の発揮という過程に加え，その活用状況も評価の対象となる。先に概念的知識の活用について述べる。たとえば，「私たちの食生活は他地域とのつながりによって支えられている」という概念的知識は，「それを踏まえて私（たち）はどう行動するのがよいか」を考える際に活用する。このように，概念的知識の活用と評価は，発問とそれに対応するパフォーマンス課題の設定によって可能となる。では，事実的知識を活用するとはどういうことか。それは，すでに「入れ子構造」として説明したとおりである。「私たちの食生活は他地域とのつながりによって支えられている」という概念的知識は，複数の事実的知識からなる。そうであるから，事実的知識の獲得状況は，「思考力・判断力・表現力」の発揮という概念的知識の獲得の過程を，ひとまずの結果とみなし，そのパフォーマンスをもとに評価する，ということになる。

3．評価するうえで心がけたいこと

　先述のとおり，「知識」には「理解」が，そして「技能」には「活用」が含まれる。さらに，「知識」にはレベルもある。そのため，学習の瞬間を切り取って別個に評価するだけでは十分でない。それぞれの学習場面で「知識」と「技能」の一体性を意識した形成的評価を行い，かつ，それらを紐づけ，最終的に，生きて働く「知識・技能」の習得へと導くことが重要である。

　また，具体的な評価法としては，「2」に挙げた観察法や作品法，パフォーマンス評価などがあるが，上の「知識・技能」の特性に鑑みれば，それぞれの連続性を意識して用いることが求められる。これにより，「知識・技能」の習得状況をいっそう正確に把握することができる。

参考文献

井上菜穂（2014）『社会系教科における評価のためのツール作成の論理』風間書房.

（鎌田公寿）

Q5 社会科における「思考力・判断力・表現力」の評価法について述べなさい

1.「主体的・対話的で深い学び」における「思考力・判断力・表現力」の評価

　2017（平成29）年改訂学習指導要領では，学びのあり方として「主体的・対話的で深い学び」が示されている。「知識・技能」を活用して課題を解決する「主体的・対話的で深い学び」の中で，どのように「思考力・判断力・表現力」を発揮できたかを評価することになる。「主体的な学び」「対話的な学び」「深い学び」の三つの学びに分割されて示されることが多いが，この三つの学びは一体として機能することが期待されている。そして，「主体的・対話的で深い学び」の中核は，「深い学び」にある。「主体的な学び」と「対話的な学び」は，「・」で繋げられている。この「・」は，異なっているが分かち難い概念を「繋ぐ」記号である。一方，「主体的・対話的な学び」と「深い学び」は，「で」という助詞で繋げられている。「で」は，手段や方法を示す助詞であることから，「主体的・対話的な学び」という手段や方法を通して，「深い学び」を実現することが，「主体的・対話的で深い学び」の主旨であることがわかる。ゆえに，「深い学び」において，「思考力・判断力・表現力」を評価することが必要である。

2．内容のまとまりごとの「思考力・判断力・表現力」の評価基準の作成

　では，どのように「深い学び」における「思考力・判断力・表現力」を評価すればよいのだろうか。国立教育政策研究所が，学習評価のために，「内容のまとまりごとの評価規準」作成例を提示している。この「内容ごとのまとまり」とは，学習指導要領に示された「内容」の項目等を，そのまとまりごとに細分化したり整理したりしたものである。「内容」では，この「内容のまとまり」ごとに育成を目指す資質・能力が示されているため，文末を「〜すること」から「〜している」と変換することで，評価規準を作成すること

ができる。例えば，第4学年の「内容」の「(2) 人々の健康や生活環境を支える事業について，学習の問題を追究・解決する活動を通して，次の事項を身に付けることができるよう指導する。」の下位に設定されている具体的内容を評価規準に変換すると表4-5-1のようになる。

表4-5-1　第4学年内容 (2) の下位に設定されている内容と評価規準

内容	評価規準
(ア) 供給の仕組みや経路，県内外の人々の協力などに着目して，飲料水，電気，ガスの供給のための事業の様子を捉え，それらの事業が果たす役割を考え，表現すること。 (イ) 処理の仕組みや再利用，県内外の人々の協力などに着目して，廃棄物の処理のための事業の様子を捉え，その事業が果たす役割を考え，表現すること。	・供給の仕組みや経路，県内外の人々の協力などに着目して，飲料水，電気，ガスの供給のための事業の様子を捉え，それらの事業が果たす役割を考え，表現している。 ・処理の仕組みや再利用，県内外の人々の協力などに着目して，廃棄物の処理のための事業の様子を捉え，その事業が果たす役割を考え，表現している。

3.「思考力・判断力・表現力」の評価のキーワード

　第4学年の (2) を例として，具体的にどの点に着目して「思考力・判断力・表現力」を評価すればよいのだろうか。キーワードは，「着目」「考え」「表現」である。

　社会科の学習は，大きく分けると①社会のしくみに関する学習と②社会のしくみの意味の学習に分けられる。前述の「深い学び」に到達するためには，この②の学習が重要である。第4学年の (2) の評価規準で言えば，「飲料水，電気，ガスの供給のための事業の様子」と「廃棄物の処理のための事業の様子」が①に相当し，「それらの事業が果たす役割」と「その事業が果たす役割」が②に相当する。「果たす役割」，具体的には「地域の人々の健康な生活の維持と向上」や「地域の人々の生活環境の維持と向上」を「考え」る際に，「思考力・判断力」がどのように発揮されているかを評価することになる。

　どのように論理的に「考え」ているか，諸事象を関連させて「考え」ているか，因果関係を「考え」ているかなどを評価することになる。その際に必

要なのが「着目」である。「供給の仕組みや経路，県内外の人々の協力など」や「処理の仕組みや再利用，県内外の人々の協力など」に「着目」して「果たす役割」について「考え」ているかを評価する。論理性や関連性などを示すのが「着目」である。

そして，「考え」る過程や結果をどのように表現しているで「表現力」を評価することになる。わかりやすく「表現」できているか，伝わりやすく「表現」できているかを評価するのである。

しかし，この「表現力」の評価では，国語力や芸術性を評価してしまう傾向がある。「思考・判断」の結果の「表現」を評価するため，学習の結論としてまとめられた文章のうまさや，リーフレットや新聞などの作品のうまさに目が行きがちである。それらの「表現力」は，国語や図画工作において評価すべき「表現力」であり，社会科における「表現力」は，あくまでも「思考力・判断力」のプロセスの「表現力」を評価することが重要である。

参考文献

北俊夫（2017）『「思考力・判断力・表現力」を鍛える新社会科の指導と評価
－見方・考え方を身につける授業ナビゲート』明治図書.

国立教育政策研究所教育課程研究センター（2020）『「指導と評価の一体化」
のための学習評価に関する参考資料　小学校　社会』https://www.
nier.go.jp/kaihatsu/pdf/hyouka/r020326_pri_shakai.pdf　2020年7月
22日閲覧.

（桐谷正信）

Q6　社会科における「主体的に学習に取り組む態度」の評価法について述べなさい

1．主体的に学習に取り組む態度と形成的評価

「教育評価」とはそもそも何かと言うことを考えたとき，それは教育活動の評価であり，教育活動を通して子どもたちが何を身につけたのかを捉えていくものである。そして，「何を身につけたのか」ということは，本来目に見えないものである。その点をみると評価するという行為の1つは，「見えない能力を何らかの形で可視化する」ということを指す。そうした「可視化されることによって，私たちはその子どもや集団の学びのありように迫ることができ，また学びの質についての価値判断をすることもできる。

このように評価を「可視化する行為」「それによって何らかの価値半田を行うこと」とみながら，「主体的に学習に取り組む態度」の評価について考えたい。教科の学習の中で，「主体的に学習に取り組む態度」そのものを抽出することは難しいし，意味もない。ある単元に取り組んでいる姿のところから，教科学習の内容との関連の中で「主体的に学習に取り組む態度」も考えていく必要がある。

そうしたときに重要になるのは，ある単元の中で子どもたちが問題に対して思考したり，判断したり，葛藤したり，意見を述べたり，議論をしたりする，学びのプロセスの中で見取っていくことである。その意味からも，主体的に学習に取り組む態度は，総括的評価として「結果」を取り出すものではなく，形成的評価として見ていく必要がある。

2．形成的評価における主体的に学習に取り組む態度と内容の関わり

形成的評価として主体的に取り組む態度を考えるときには，学習とその人の関係性を可視化していく方法が必要になる。例えば社会科の場合は，さまざまな社会的事象が取り上げられる。しかし，往々にして社会的事象と学習

者である子どもたちの間には距離がある。歴史であれば時間的距離が開き，地理や公民的分野であれば空間的距離が開きやすい。そのため，往々にして「私とは関係のないもの」として捉える向きが多くなり，結果的に学習内容は対象化され，自分とは遠い存在の出来事になりやすい。そのため，学習した対象と自分自身との関係性をうまく言語化したり可視化したりすることが求められる。「○○の学習と私」というように，テーマと私をいかに関連付けられるかというような視点である。

3. 学習経験の一人称的物語的描写

　具体的にはいくつかの方法が考えられる。

　1つは，エッセイによる省察である。授業の中で学習した社会的事象について私がどのような思考をしたのか，価値判断をしたのか，その思考のプロセスを描いていくことである。ただ，多くの場合こうしたときに子どもたちは「○○ということがわかった」などと，客観的な文章で書いてしまう。そうではなく，自分の視点から一人称の視点で，エッセイのように書いていくことなどの工夫が要る。自分がどう感じたのか，自分自身の経験との結びつき——そうしたことを描いていくことが「○○の学習と私」になる。

　これはパフォーマンスをしていたときの自分自身の視点からを描くなど，パフォーマンス課題などとの組み合わせも可能である。

　小学校であればこうした一人称的視点の記述，物語的な描写は従来から日記指導などの中でも展開されてきた。しかしそれを，生活経験の語りにとどめず，「主体的に学習に取り組む態度」の観点から学習経験の語りの1つの手法として位置づけていくことで，主体的学習に取り組む態度の教科学習的な方法として捉え直していきたい。

4. 評価とルーブリックの関係を解きほぐす

　最後に，パフォーマンス評価とルーブリックの関係について述べておきたい。近年，真正の評価ということばが浸透し，そうした中でパフォーマンス評価がルーブリックと関わって取り沙汰されることが多い。

　しかし，「主体的に学習に取り組む態度」というのは，学習において「目的」（伸ばしていくべき力の方向性）の１つではあるが，「目標」（単元や活動単位で達成すべき水準の度合い）ではない。「ルーブリック」は一般的に「規準」（学びの観点）と「基準」（学びの水準）で示される。このとき「目的」は方向性であるため観点としての「規準」に，「目標」は水準としての「基準」に紐付きやすい。そして，「主体的に学習に取り組む態度」というのはあくまで目的としての方向性の概念である。そのため，こうした主体的な関わりを「パフォーマンス」で可視化することはあっても，それを「ルーブリック」で水準を検討するようなことはどちらかというと向いていない。

　重要なのは，そうした主体性を積み重ねていくことである。そのときには，パフォーマンスはするけれど，ルーブリックまでは行わない。水準を決めるのではなく，パフォーマンスを教師たち（あるいは子どもたちも含めて）で相互に話し合い，自分たちの取り組みについてを再検討していったり，省察をしていったりすることが重要である。そうしたことによって，自分の位置を理解したり，次につなげたりする機運を生む。目標より目的，水準より観点，主体的に取り組む態度を評価するときは，そうした観点を大事にしていきたい。

参考文献

石井英真（2020）『授業づくりの深め方－「よい授業」をデザインするための５つのツボ』ミネルヴァ書房.

柳瀬陽介（2018）「なぜ物語は実践研究にとって重要なのか－読者・利用者による一般化可能性」『言語文化教育研究』第16巻，pp.12-32.

（南浦涼介）

Q7 社会科における授業の工夫改善につながる学習評価のあり方について述べなさい

1. 序列付けからフィードバックのための評価へ

　評価と聞けば，選抜・配置を行うために，学習の結果を判定し序列付けを行うという「管理の機能」を思い浮かべる人も少なくないだろう。しかし，評価には上記の他に「学習の機能」や「指導の機能」というものも存在する。「学習の機能」とは，子どもが目標に向けて，自らの行動を改善する指針を得るために，自身の学習に関する情報の提供を求めるといったものである。「指導の機能」とは，評価の結果に基づいて，授業改善や新たな授業を構成することにより，子どもの学力形成を保障しようとするものである。つまり，それらの機能は，教育実践の過程において必要な情報を収集し，それを利用することで，その後の教育実践への有力な指針を得ようとするものと言える。

　このような評価を具現化するために，評価の目的や子どもにとっての意義という観点から，評価は次の3種類に分けられるようになった。学習前に実施する診断的評価，学習過程に実施する形成的評価，学習後に実施する総括的評価である。それぞれを概観してみよう。

　診断的評価では，学習の前提となる子どもの学力や生活経験の実態，興味・関心などの把握が行われる。それらは授業の計画に役立てるためにフィードバックされる。形成的評価では，教師が構想していた目標及び展開と実際の展開及び教育効果の乖離の確認が行われる。それらは即時的な授業計画の修正・改善のためにフィードバックされる。総括的評価では，教師が構想していた目標と教育効果の乖離の確認が行われる。それらは教師が教育実践の反省を行うためにフィードバックされる。

　以上のように，分化して評価を実施することにより，それぞれの役割に即したフィードバックが可能となっている。この3つの評価がもつフィードバック機能を明確に意識し，それらをうまく活用していくことが重要である。

２．形成的評価における指導と評価の一体化

（1）形成的評価の具体例

　上記３つの評価の中で，学習や指導の改善に直接的につながるのは形成的評価である。そこで，形成的評価をもう少し具体的にみてみよう。例えば，次のように進めるものが想定できる。

　第一段階として，子どもの学習過程の可視化を試みる。学習過程において子どもには，学習課題に対する考えや学習に対する感想などを発言したり，記述したりして，表出する機会がある。こうした「興味・関心のあること」「考えたこと」「判断したこと」「分かったこと，できたこと」などの記録を集め，分析することで，子どもの学習過程の再現が可能となる。

　第二段階として，学習過程の可視化を踏まえ，学習指導の代案をつくる。特に，目標の達成がうまくいっていない子どもの記録に注目し，つまずきの著しい場面を突きとめ，それを活かす学習の展開や，より効果的な指導法を検討する。なお，指導法に問題がなければ，目標そのものの見直しに進む。

（2）目標に準拠した判断と個人に準拠した判断の併用の必要性

　形成的評価の登場により，評価と指導の関係を往還的に捉える指導と評価の一体化という考え方が定着した。逆に言えば，学習過程で実施していたとしても，それが単に序列付けに終始しているようであれば，形成的評価とはならない。

　指導と評価の一体化を実現する形成的評価では，評価の規準を授業の目標に置いて，授業の進行状況や子どもの到達状況を捉えること，換言すれば，目標に準拠した判断が重要である。しかし，それのみでは，学習の到達度の判定にとどまり，学習や指導の改善の示唆を得られないことも少なくない。

　そこで，評価の規準を個人に置いて，その子どもならではの頑張り（学習の進展や発達の状況）や持ち味（得意・不得意や長所・短所）を継続的・全体的に捉えること，換言すれば，個人に準拠した判断も必要となる。この２つの判断を併用することで，学習到達度に加えて学力や学習状況に即した判断が可能となり，それは，より意味のある学習改善や指導改善へとつながる。

3．教師主体の指導改善から子ども主体の学習改善へ

　従来の形成的評価は，評価結果に基づき教師が指導改善を行えば，子どもの学習改善に直結することが想定されていた。しかし，教師の指導改善は，それが必ずしも子どもの学習改善に役立てられるとは限らない。そのため，教師による指導改善のみならず，子ども自身による学習改善の必要性が主張されるようになった（学習のための評価）。

　上記のことを達成するために，次のようなことが必要であるとされている。第一に，子どもに評価結果や情報をフィードバックすることである。それを子どもが学習改善に活かすには，到達度のみならず，目標との差異に関する情報とともに，次に取り組む行動や学習活動が具体的に示される必要がある。

　第二に，子どもが自身の学習を省察し，修正・改善できる力，すなわち，メタ認知能力を育成することである。しかし，子どもが自身の学習に関して評価することは容易ではないため，子ども同士の相互評価や子どもと教師の対話による評価規準の共有が有効であると言われている。

　以上のような評価についての考え方の転換は，評価から社会科教育を含む教科教育，ひいては学校教育を変えていく一つの契機と成り得るだろう。

参考文献

田中耕治（2008）『教育評価』岩波書店.

棚橋健治（2012）「診断・形成・総括的評価」日本社会科教育学会『新版社会科教育事典』ぎょうせい，pp.272-273.

西岡加名恵・石井英真・田中耕治編（2015）『新しい教育評価入門 – 人を育てる評価のために』有斐閣.

二宮衆一（2013）「イギリスのARGによる『学習のための評価』論の考察」『教育方法学研究』38，pp.97-107.

B.S.ブルーム，J.T.ヘスティングス，G.F.マドゥス（1973）『教育評価法ハンドブック – 教科学習の形成的評価と総括的評価』（梶田叡一・渋谷憲一・藤田恵璽訳）第一法規.

（岡田了祐）

第5章　社会科に固有な「見方・考え方」

Q1 社会的な見方・考え方（社会的事象の見方・考え方）について述べなさい

1．社会諸教科を貫く「社会的な見方・考え方」

（1）「資質・能力」を育む「見方・考え方」

2017（平成29）年改訂小学校学習指導要領では，教育課程全体での学びを通じて獲得が求められる「資質・能力」，及び獲得の際に働かせる「見方・考え方」の在り方が構造的に位置づけられた。その中で「資質・能力」は，「知識・技能」「思考力・判断力・表現力等」「学びに向かう力，人間性等」の三つの柱を有し，各教科及び領域の特質を踏まえた「主体的・対話的で深い学び」の実現過程で獲得されるとした。この過程で作用する，各教科等に固有の事物，事象を捉える際に働かせる視点や方法が「見方・考え方」である。

「見方・考え方」は，一般的な文脈においても使用される「見方」「考え方」という語が「・」によって結ばれ，教育課程全体を貫き用いられる，特定の定義を持つ用語として取り扱われるようになった。これは，「見方・考え方」が各教科等の異なる学習内容にも共通で適用しうる汎用的な概念として新たに定義されたものであり，特定の教科や領域，事象にのみ用いられるものではないことを示している。

（2）「社会的な見方・考え方」とは

社会諸教科を貫く「見方・考え方」である「社会的な見方・考え方」は，校種や分野・科目の特質を踏まえた社会諸教科に関連する「見方・考え方」の総称として，「課題を追究したり解決したりする活動において，社会的事象等の意味や意義，特色や相互の関連を考察したり，社会に見られる課題を把握して，その解決に向けて構想したりする際の視点や方法」と説明される。

社会諸教科において，「見方」とは社会的事象を捉える際の事実への着目であり，「考え方」とは事実間に関係を見出す際の思考の方法を示す。これらを生かして，社会諸教科では，子どもなりの「問い」の生成だけではなく，「問

い」によって方向づけられた学習課題の設定と追究，解決を通して，知識としての諸概念，さらには「公民としての資質・能力」獲得が目指されている。

2．社会科における「見方・考え方」のこれまでの取り扱い

　過去の学習指導要領における取り扱いに目を向けると，「見方や考え方」，「見方」「考え方」といった用い方であれば，科目や学習内容の異なりに対応した「見方」「考え方」がそれぞれ存在し，用語としてたびたび現れた。しかし，「見方・考え方」という用い方は稀であり，用いられた時期も教科目も限定的であった。さらに，「見方・考え方」によって育成を目指す力も，知識や能力，技能，態度，学習意欲と多様であり，さらにそれらを獲得する時期としての発達段階への着目も含めると，広がりをもって用いられてきた。

　社会科に焦点を絞れば，これまで地理や政治・経済といった教科目では，特徴的な内容に対応した「見方・考え方」をそれぞれ示していた。例えば，中学校地理的分野では，1969（昭和44）年改訂版「目標」中に「地理的見方・考え方」が表れ，『解説』内での説明の変更や「地理的技能」の取り扱いといった内容的拡充を経て，現在も用いられている。また，「公民的分野」では，1989（平成元）年改訂版「内容の取り扱い」中に「政治や経済などについての見方や考え方の基礎」と示されている。しかし，これら「見方・考え方」が，社会科全体を構成する領域や科目の特色とどのような関係にあるのか，構造的に関係づけられたり位置づけられたりすることはなかった。

　こうした過去の学習指導要領上での表記の蓄積を鑑みると，現在の「見方・考え方」論とは，これまでの学習指導要領に示された多様な意味付けや概念を踏まえ，適用する各教科・領域の学習活動の展開に即して明確にしたものである。この「見方・考え方」が，学校段階及び各教科等の特質に応じて再構成され，教育課程全体へ位置づけられている。

3．初等教育段階における「社会的事象の見方・考え方」

（1）「社会的事象の見方・考え方」とは

　現行学習指導要領において，初等社会科が担う「見方・考え方」は「社会

的事象の見方・考え方」と称され，「社会的見方・考え方」の一部を構成しす
る。その内容は，「位置や空間的な広がり，時期や時間の経過，事象や人々
の相互関係に着目して，社会的事象を捉え，比較・分類したり総合したり，
地域の人々や国民の生活と関連付けたりすること」と説明されている。ここ
での「見方」とは，地理的位置や分布といった「位置や空間的な広がり」の
視点，時代や期限といった「時期や時間の経過」の視点，工夫や努力といっ
た「事象や人々の相互関係」という三つを含むものとされる。また「考え方」
として，視点を軸に捉えた社会的事象を比較・分類，総合したり，地域の人々
や国民の生活と関連付けたりするといった学習方法が示されている。

（2）「社会的事象の見方・考え方」の位置づけと接続

　初等社会科の学びは，「見方・考え方」に限らず，学習内容や学習方法含
め，社会諸教科の系統性の根幹に位置づく。「社会的事象」という文言には，
地理・歴史・公民と対応する三つの視点が集約されているように，初等社会科
は，中等教育で複線化する校種や各分野・教科目の目標及びそれぞれの「見
方・考え方」の萌芽を獲得する機会である。社会諸教科での学びの出発点と
して重要な役割を担う以上，初等社会科には，中等教育の目標や内容，方法
での継続性を見据え，発展的な学習の実現に資する役割が求められる。

　一方，社会科での学びに先立つ生活科（「生活に関わる見方・考え方」），さ
らには幼児期の教育との接続を考慮すると，初等社会科には，社会的事象へ
の気付きの根本となる子どもの生活経験を積極的に引き出し，発展させる学
習が求められる。「社会的事象の見方・考え方」は，子どもの学びを構想する
上で，接続する各教科・領域等を縦横に見通すことを必要としている。

参考文献

江口勇治監修・編著（2017）『21世紀の教育に求められる「社会的な見方・
　　考え方」』帝国書院.

唐木清志（2016）『「公民的資質」とは何か』東洋館出版社.

澤井陽介・加藤寿朗編著（2017）『見方・考え方［社会科編］』東洋館出版社.

（佐藤　公）

Q2　位置や空間的な広がりの視点について述べなさい

1.「位置や空間的な広がり」の視点とは何か

　小学校社会科では，児童が「社会的事象の見方・考え方」の一つとして，「位置や空間的な広がり」に着目して社会的事象を捉え，比較・分類したり総合したり，地域の人々や国民の生活と関連付けたりすることができるようにすることを重視している。そのため，教師が教材や資料を準備する際には，児童が「位置や空間的な広がり」の視点から問いを設けて社会的事象を調べ，その様子や現状などを捉えたり，特色や意味などを考えたり，社会への関わり方を選択・判断したりする見方・考え方を働かせられるようにすることが大切である。

　「位置や空間的な広がり」の視点とは，地理的位置，分布，地形，環境，気候，範囲，地域，構成，自然条件，土地利用等のことである。これらの視点から設ける問いには，「どこにあるのか，そこはどのような場所か，どのように広がっているのか，なぜこの場所に集まっているのか，それぞれの場所はどのような自然的・人的条件によって異なるのか」などがあげられる。

　こうした「位置や空間的な広がり」の視点から問いを設け，地図帳や地球儀等を使って課題を追究，解決する学び方を通して，児童の見方・考え方を鍛え，中学校社会科における「社会的事象の地理的な見方・考え方」へと発展していけるようにすることが求められている。「社会的事象の地理的な見方・考え方」とは，より広い視野から「位置や分布，場所，人間と自然環境との相互依存関係，空間的相互依存作用，地域など」の「位置や空間的な広がり」を視点に社会的事象を捉えることである。

2.各内容における「位置や空間的な広がり」の視点

　小学校社会科では，総合性を重視する観点から，「地理的環境と人々の生活」に区分される内容だけではなく，「歴史と人々の生活」「現代社会の仕組

みや働きと人々の生活」においても「位置や空間的な広がり」に着目する必要がある。また，追究の過程においては，「位置や空間的な広がり」，「時期や時間の経過」，「事象や人々の相互関係」の他，多様な視点を必要に応じて組み合わせることが大切である。

（1）「地理的環境と人々の生活」における「位置や空間的な広がり」の視点

「地理的環境と人々の生活」における「位置や空間的な広がり」の視点には，取り上げた地域の位置，地形や気候等の自然環境，森林や住宅等の土地利用の広がり，公共施設や産業や災害の所在地や発生地といった分布などがあげられる。これらの視点から，「どこにどのような特色のある地域があるのか，どのような地形があるか，産業はどこに分布しているか，交通網はどのように広がっているか，なぜ海岸線が直線なのか，なぜ海の近くに集まっているのか」などの問いを設け，地域の様子，場所による違い，地理的環境の特色と人々の生活などを捉える。

（2）「歴史と人々の生活」における「位置や空間的な広がり」の視点

「歴史と人々の生活」における「位置や空間的な広がり」の視点には，（1）と同様に，文化財や戦争等の歴史上の出来事などの位置や広がりがあげられる。これらの視点から，「文化財はどこにあるか，鉄道はどのように整備されてきたのか，お祭りはどこに広まったのか，大名行列はどのような経路を通ったのか，城下町にはどのような地域があったのか，鎖国の間はどのような場所で交易したのか」などの問いを設け，世の中や人々の生活の様子，人物の働きなどを捉える。

（3）「現代社会の仕組みや働きと人々の生活」における「位置や空間的な広がり」の視点

「現代社会の仕組みや働きと人々の生活」における「位置や空間的な広がり」の視点には，（1）と同様に生産地や防災施設の分布などに加え，買い物客の居住地の範囲，原材料や飲料水などの調達地とその供給経路といった他地域や外国との関わり，国際交流や地球規模の課題などの位置や広がりがあげられる。これらの視点から，「収集されたゴミはどこに運ばれていくのか，米の産地の自然の特色は何か，青年海外協力隊はどこに派遣されているの

か」などの問いを設け，生産や安全を守る仕事の様子，グローバル化する世界と日本の役割などを捉える。

3.「位置や空間的な広がり」の視点の充実に向けて

「位置や空間的な広がり」の視点から社会的事象を捉える見方・考え方を養うには，地図帳や地球儀の活用が効果的である。児童が地図帳などへの親しみをもち，問題解決のための教材として自由自在に活用する知識や技能を身に付けられるようにすることで，「位置や空間的な広がり」の視点から社会的事象を捉える見方・考え方を養うことができる。

そのためには，児童が学校の内外において，折に触れて日常的に地図帳などを活用できる環境を整えることが大切である。例えば，日本地図や世界地図，地球儀をすぐに活用できるよう，教室に常に掲示，配置しておく工夫が考えられる。活用の際は，資料から必要な情報を見つけるのが困難な児童のために，範囲を特定したり，情報を拡大したりすることが大切である。また，社会科の学習だけでなく，給食の食材の原産地や，帰りの会などの学級活動や修学旅行などの宿泊行事や他の教科において話題にのぼった地名や事象をその都度，地図帳などで調べるといった活動を取り入れることも効果的である。さらに，長期休業前などの機会をとらえて，家庭と連携することも大切である。保護者に，学校では地図帳を広げて自由に行きたい所や親戚の家までの経路を指でたどりながら，まわりに見える名所や風景を紹介しあったり，地名クイズをしたりしている様子を伝え，家庭でも外出やニュースなどの話題を持ち出す際などに活用していただけるよう，協力をあおぐことが考えられる。

参考文献

澤井陽介・加藤寿朗編著（2017）『見方・考え方［社会科編］』東洋館出版社.
文部科学省（2018）『小学校学習指導要領（平成29年告示）解説社会編』日本文教出版.

（西川京子）

Q3 時期や時間の経過の視点について述べなさい

1．「時期や時代の経過」の視点とは？

「時期や時間の経過」の視点は，小学校の「社会的事象の見方・考え方」の視点の一つである。「社会的事象の見方・考え方」とは，学習対象である社会的事象を，「比較・分類したり総合したり地域の人々や国民の生活と関連付けたり」することである。それらを行うにあたり，働かせる視点の一つが「時期や時間の経過」の視点である。2017（平成29）年改訂小学校学習指導要領解説では，「なぜ始まったのか，どのように変わってきたのかなどと，起源，変化，継承」などを問う視点と説明されている。

2．「時期や時代の経過」の視点と「社会的事象の歴史的な見方・考え方」との相関

しかし，小学校学習指導要領及び解説では，「時期や時間の経過」の視点について具体的に詳しく説明していない。「なぜ始まったのか，どのように変わってきたのかなどと，起源，変化，継承（時期や時間の経過）」のキーワードだけでは「時期や時間の経過」の視点を働かせる授業を行うのは困難である。

今回の学習指導要領の改訂では，小学校・中学校・高等学校において，一貫した「社会的な見方・考え方」の育成が目指されている。小学校→中学校→高等学校へと学校段階が上がるにつれて，「社会的な見方・考え方」も高次なものを育成するよう構想されている。つまり，小学校の「時期や時間の経過」の視点は，中学校の「社会的事象の歴史的な見方・考え方」に繋がって発展させていく見方・考え方であり，中学校の「社会的事象の歴史的な見方・考え方」の内容をみると，「時期や時間の経過」の具体がわかるのである。

中学校の「社会的事象の歴史的な見方・考え方」は，「社会的事象を時期，推移などに着して捉え類似や差異などを明確にしたり事象同士を因果関係などで関連付けたり」する見方・考え方である。2017（平成29）年改訂中学校

学習指導要領解説では，「時期，年代など時系列に関わる視点，展開，変化，継続など諸事象の推移に関わる視点，類似，差異，特色など諸事象の比較に関わる視点，背景，原因，結果，影響など事象相互のつながりに関わる視点などに着目して捉え，比較したり，関連させたりして社会的事象を捉えたりする」見方・考え方と説明されている。つまり，具体的には「時系列」「推移」「比較」「つながり」を視点として諸事象を捉えることである。それぞれの視点で捉えるためのキーワードを整理すると，以下表5-3-1のようになる。

表5-3-1　視点・キーワード・問いの例

視点	キーワード	問いの例
「時系列」	時期，年代など	いつ？
「推移」	展開，変化，継続など	どのように？
「比較」	類似，差異，特色など	どこが似てる？どう違う？
「つながり」	背景，原因，結果，影響など	なぜ・どうなった？

　これらの視点やキーワードは，歴史的事象を捉えるための「ツール」であり，視点やキーワードの習得が目的ではない。児童が視点やキーワードを用いて，歴史的事象を捉えることができるようにするための授業をつくることが肝要である。しかし，これらの視点やキーワードは，中学校を前提に示されたものであり，そのまま小学校の児童に示すことは適切ではない。児童の発達段階に即した言葉に言い換える必要がある。実際の授業場面では，問いの形でこれらの視点やキーワードに基づく児童の思考や追究を促すことが必要である。そのための問いとして，例えば，表5-3-1のような問いが考えられる。
　実際の授業では，これらの視点やキーワードの相関は固定的なものではなく，事例や教材，学習活動によって変わってくる。「比較」の視点は，「時期や時間の経過」の視点との相関が見えにくいが，キーワードで「類似，差異，特色など」を捉える学習が展開されるため，学習の方法であると同時に着目するポイントとして機能する。

3.「時期や時間の経過」の視点を働かせる学習内容

　「時期や時間の経過」の視点を働かせる学習は，第6学年（2）の我が国の

歴史上の事象に関する学習が中心となるが，それ以外の内容でも随所で働かせることが必要である。学習指導要領上，「時期や時間の経過」の視点を中心の視点として働かせる学習は以下の内容となる。

・第3学年（4）市の様子の移り変わりについての学習

・第4学年（3）自然災害から人々を守る活動についての学習

（地域や関係諸機関の人々は自然災害に協力して対処してきたこと）

・第4学年（4）県内の伝統や文化，先人の働きについての学習

・第4学年（5）県内の特色ある地域についての学習

（人々の活動や産業の歴史的背景）

・第5学年（5）我が国の国土の自然環境と国民生活についての学習

（関係機関や地域の人々の努力により，公害の防止や生活環境の改善が図られてきたこと）

　しかし，これらの学習だけでなく，他のさまざまな学習において，事例や教材，学習活動によっては，「時期や時間の経過」の視点を働かせる学習が展開される可能性がある。その際には，「社会的事象の見方・考え方」の他の視点である「位置や空間的な広がり」の視点や「事象や人々の相互関係」の視点と関連させながら学習することが必要である。

参考文献

文部科学省（2018）『小学校学習指導要領（平成29年告示）解説社会編』
　　日本文教出版.

文部科学省（2018）『中学校学習指導要領（平成29年告示）解説社会編』
　　東洋館出版社.

（桐谷正信）

Q4　事象や相互関係の視点について述べなさい

1.「視点」としての事象や相互関係

　2017（平成29）年に改訂された学習指導要領では，ほぼ全ての教科等で「見方・考え方」が位置づけられた。その中で，社会科では，「社会的見方・考え方」を設定し，「社会的事象の意味や意義，特色や相互の関連を考察したり，社会に見られる課題を把握して，その解決に向けて構想したりする際の「視点や方法（考え方）」としてその内容が整理された。

　なお，小学校社会科における「社会的見方・考え方」は学習過程を示しており，学習過程における問い立てや，学習過程における学習を深めるための方法論となっている。なお，「事象や相互関係」は「視点」であり，学習過程における問い立ての「視点」として位置づけることができる。

2. 学習過程における問い立ての「視点」としての「事象や相互関係」

（1）「事象や相互関係の視点」の定義
　「事象や相互関係の視点」とは，小学校社会科の学習を展開する上の問い立ての「視点」であり，小学校社会科の学習場面において，「どのようなつながりがあるか」，「なぜこのような協力が必要か」などと問いを組み立てることで，工夫，関わり，協力（事象や人々の相互関係）などを問うことが可能になる。

　工夫や関わり，協力の実際やその背景事情の理解は，小学校社会の学習場面で，学習目標を達成する上で基幹となる場合が多い。「事象や相互関係の視点」を問い立ての「視点」として位置づけることは小学校社会科の学習において「深い学び」を実現するためには不可欠な「視点」と言えよう。

（2）「事象や相互関係の視点」の取り上げ方A：「販売に関する仕事の内容」の場合
　小学校3，4年生の内容に「販売に関する仕事の内容」がある。「販売に関する仕事の内容」においては，消費者の多様な願いを踏まえ売り上げを高め

113

るように工夫していることを理解することが一つの「目標」となる。その場合，「販売に関する仕事の内容」において，どのような「事象や相互関係の視点」に基づく問い立てが可能だろうか。

　例えば，「スーパーマーケットで買い物をする一人ひとりの願いは何だろう」があるだろう。他方で，「買い物をする一人ひとりの願い」を追究するだけでは，その全てが実現していないので，「買い物をする一人ひとりの願い」だけではなく，販売に携わっている人が消費者の「願い」に対して，どのような仕事をしているのかについて問う必要がある。

　そのための「問い立て」をする必要があるだろう。重い荷物を運ぶ苦痛を和らげるため（消費者の願い）に，カートを準備している（販売に携わっている人の対応）ことは，「事象や相互関係の視点」と言えよう。このように「事象や相互関係の視点」を問い立ての「視点」として持つことは，学習課題に対する「目標」実現のための方策となる。

（3）「事象や相互関係の視点」の取り上げ方B：「地域の安全を守る働き」の場合

　同じく小学校3，4年生の内容に「地域の安全を守る働き」がある。「地域の安全を守る働き」においては，消防署や警察署などの関係機関が地域の人々と協力して火災や事故などの防止に努めていることを理解することが一つの「目標」となる。

　その場合，「地域の安全を守る働き」において，どのような「事象や相互関係の視点」に基づく問い立てが可能だろうか。

　例えば，「火事が発生した時に，消火活動をする消防署の人以外にどのような人たちがいるのか」「その人たちは何をしているのか」「どうして火事を消さない警察官も火災現場にいるのか」「どうして火事を消さないガス会社の人が火災現場にいるのか」といった問い立て等が考えられるだろう。

　これらの問い立ては，緊急事態に諸機関が「協力」する背景事情を理解するための問い立てとなっており，「事象や相互関係の視点」の問い立てである。

参考文献

文部科学省（2018）『小学校学習指導要領（平成29年告示）解説社会編』
　　日本文教出版.

澤井陽介・加藤寿朗編著（2017）『見方・考え方［社会科編］－「見方・考え方」
　　を働かせる真の授業の姿とは？』東洋館出版社.

社会認識教育学会編（2019）『小学校社会科教育』学術図書出版社.

（橋本康弘）

Q5 第3学年の社会的な見方・考え方の視点と方法について述べなさい

1．第3学年の社会的事象の見方・考え方の特徴

　2017（平成29）年度改訂学習指導要領における第3学年の社会的事象の見方・考え方の特徴は，自分たちの市を中心とした地域における地理的環境や人々の生活や諸活動，それらの移り変わりを「位置や空間的な広がり，時期や時間の経過，事象や人々の相互関係に着目して」（視点）捉え，「比較・分類したり総合したり，地域の人々や国民の生活と関連付けたりすること」（方法）である。以下，第3学年の内容構成に即してみていこう。

2．第3学年の社会的事象の見方・考え方の具体

（1）身近な地域や市区町村の様子

　身近な地域や自分たちの市の様子を捉えるための視点には「都道府県内における市の位置」「市の地形や土地利用」「交通の広がり」「市役所など主な公共施設の場所と働き」「古くから残る建造物の分布」などがある。これらの視点からは「市はどこに位置しているか」「どのように広がっているか」「どのように利用されているか」などの問いを設定することができる。

　「都道府県内における市の位置」に着目するとは，「都道府県全体から見た自分たちの市や隣接する市などの位置や位置関係について調べること」である。また，「市役所など主な公共施設の場所と働き」に着目するときは，「多くの公共施設は市役所によって運営されていることや，災害時における避難場所は市役所において指定されていることに触れること」が大切である。

　これらの視点に着目しながら，観察・調査したり，地図などの資料で調べたりして，白地図などにまとめ，身近な地域や市の様子を捉え，場所による違いを考え，表現することが求められる。

（2）地域に見られる生産や販売の仕事

　「生産の仕事」を捉える視点には，「仕事の種類」「産地の分布」「仕事の工程」などがあげられる。これらの視点からは「市内にはどのような生産の仕事があるか」「それらはどこに集まっているか」「どのようにして生産されているか」などの問いを設定することができる。これらの問いを通して，「生産の仕事の様子と地域の人々の生活を結び付けて，地域に見られる販売の仕事と地域の人々の生活との関連を考え，文章で記述したり，白地図などにまとめたことを基に説明したりすること」が求められる。

　「販売の仕事」を捉える視点には，「消費者の願い」「販売の仕方」「他地域や外国との関わり」などがあげられる。これらの視点からは「消費者はどのようなことを願って買い物をしているか」「商店の人は消費者の願いに応え売り上げを高めるためにどのような工夫をしているか」「商品や客はどこから来ているか」などの問いを設定することができる。これらの問いを通して，「販売の仕方を分類したり，それらと消費者の願いを関連付けたりして，販売の仕事に見られる工夫を考え，文章で記述したり，図表などにまとめたことを基に説明すること」が求められる。販売の仕事と自分たちの生活との関わりについて調べる際には，個人のプライバシーに十分配慮する。

（3）地域の安全を守る働き

　地域の安全を守る働きを学習する際には，「施設・設備などの配置」「緊急時への備えや対応」などに着目し，「どこにどのような施設・設備があるか」「どのように連携・協力して火災や事故などの発生に備えたり対応したりしているか」などの問いを設けて調べたり，考えたりすることが求められる。

　「施設・設備などの配置」に着目するとは，「消防署や警察署などの関係機関や消火栓や火災報知器，消防水利，消防団倉庫などの施設・設備や，ガードレールや交通標識，信号，カーブミラー，「子ども100番の家」などの施設・設備の位置や分布について調べること」である。また，「緊急時への備えや対応」に着目するとは，「働いている人の勤務体制や待機の仕方，訓練，施設・設備の点検，パトロールの様子などについて調べたり，関係機関のそれぞれの役割や通信指令室を中心とするネットワークによる関係機関の相互の連携などについて調べたりすること」である。

（4）市の様子の移り変わり

　市の様子の移り変わりを学習する際には，「交通や公共施設」「土地利用や人口」「生活の道具などの時期による違い」などに着目して，市や人々の生活の様子を捉え，変化を考え，表現することが求められる。たとえば「鉄道や道路はどのように整備されてきたか」「どのような公共施設が建てられてきたか」「土地の使われ方や人口はどのように変わってきたか」「生活の道具はどのように変化してきたか」などの問いを設けることができる。これらの問いを調べることで分かったことなどを相互に関連付けたり，市の様子の変化と人々の生活の様子の変化を結び付けたりして，都市化や過疎化，少子高齢化など市全体の変化の傾向を考え，表現することが求められる。また，市役所などが作成している資料などを活用し，自分たちの市の将来について考えたり，討論したりする機会を設けることも大切である。

３．第３学年の社会的事象の見方・考え方の充実のために

　児童が社会的事象の見方・考え方を働かせ，観察・調査などの学習に主体的に取り組めるよう工夫する必要がある。たとえば，都留（2004）は「聞く」「見る」「触る」「嗅ぐ」「感じる」という感覚を通して社会的事象を捉える提案をしている。初めて社会科を学ぶ第３学年の児童にとっては「読む」「聞く」「書く」だけで社会的事象を捉えることには限界があるかもしれない。眼だけでなく，手や足，耳や鼻の感覚を通して社会的事象を捉え，時には，感情や気持ちを共有しながら，自分たちの市を中心とした地域社会と触れ合う中で学びが深まることが考えられる。

参考文献

都留覚（2004）『使える社会科ベーシック３　調べ学習　五感を使って「まち」を見直すシティサファリ』学事出版.

文部科学省（2018）『小学校学習指導要領（平成29年告示）解説社会編』日本文教出版.

（得居千照）

Q6　第4学年の社会的な見方・考え方の視点と方法について述べなさい

1．第4学年の社会的事象の見方・考え方の特徴

　「社会的な見方・考え方（小学校段階では社会的事象の見方・考え方）」とは，問題解決的学習における「視点や方法（考え方）」であり，資質・能力全体に関わるものである。第4学年では，社会的事象として，「(1) 都道府県の様子」，「(2) 人々の健康や生活環境を支える事業」，「(3) 自然災害から人々を守る活動」，「(4) 県内の伝統や文化，先人の働き」，「(5) 県内の特色ある地域の様子」，の5つの内容に即した見方・考え方の育成が重要となる。つまり，これらの第4学年における社会的事象を，「位置や空間的な広がり，時期や時間の経過，事象や人々の相互関係などに着目して（視点）捉え，比較・分類したり総合したり，地域の人々や国民の生活と関連付けたりすること（方法）」によって，社会的な事象について調べ，考えたり，選択・判断したりする学び方をすることで，「社会的事象の見方・考え方」を働かせることができる。

2．第4学年の社会的事象の見方・考え方の具体

（1）「都道府県の様子」における見方・考え方

　「都道府県の様子」においては，都道府県の概要を理解できるようにするために，自分たちの県の位置，県全体の地形や主な産業の分布，交通網や主な都市の位置などに着目して，県の様子を捉えることができるようにする。そして，このように地理的環境の特色を考え，表現できるようにする。その上で，それらの情報を総合しながら，自分たちの県の地理的な環境の概要や特色などについて，考えていけるようにすることが重要である。

（2）「人々の健康や生活環境を支える事業」における見方・考え方

　「人々の健康や生活環境を支える事業」おいては，供給の仕組みや経路，県

内外の人々の協力などに着目して，飲料水，電気，ガスの供給のための事業の様子を捉えたり，処理の仕組みや再利用，県内外の人々の協力などに着目して，廃棄物処理のための事業の様子を捉えたりできるようにする。その上で，供給や処理の仕組みや人々の協力と地域の良好な生活環境を関連付けながら，その事業が果たす役割を考えていけるようにすることが重要である。

（3）「自然災害から人々を守る活動」における見方・考え方

「自然災害から人々を守る活動」においては，過去に発生した地域の自然災害，関係機関の協力などに着目して，災害から人々を守る活動を捉えることができるようにする。その上で，自然災害が発生した際の被害状況と災害から人々を守る活動を関連付けて，県内の人々の命や財産を守るなど，それらの活動の働きについて考えていけるようにすることが重要である。

（4）「県内の伝統や文化，先人の働き」における見方・考え方

「県内の伝統や文化」については，県内の歴史的背景や現在に至る経過，保存や継承のための取組などに着目して，県内の文化財や年中行事の様子を捉えることができるようにする。その上で，文化財や年中行事の保存や継承している人々の工夫や努力と地域の人々の願いを関連付けながら，文化財や年中行事を受け継ぎ保存していることの意味を考えていけるようにすることが重要である。

また，「先人の働き」については，当時の世の中の課題や人々の願いなどに着目して，地域の発展に尽くした先人の具体的事例を捉えることができるようにする。その上で，先人の働きと地域の発展や人々の生活の向上を関連付けながら，先人が当時の地域や人々の生活の向上に貢献したことを考えていけるようにすることが重要である。

（5）「県内の特色ある地域の様子」における見方・考え方

「県内の特色ある地域の様子」においては，特色ある地域の位置や自然環境，人々の活動や産業の歴史的背景，人々の協力関係などに着目して，地域の様子を捉えることができるようにする。その上で，特色ある地域の人々の活動や産業とそれらの地域の発展を関連付けたり，自分たちの住む地域と比較したりしながら，その特色の特色を考えていけるようにすることが重要である。

3．第4学年の社会的事象の見方・考え方の充実のために

（1）学習過程の工夫

　第4学年の社会的事象の見方・考え方の充実のためには，自分たちの生活する都道府県における事象や人々の相互関係，現在及び過去の地域社会の特色や良さ，課題等に基づいた問いを設定し，主体的・対話的で深い学びの実現に向けた学習過程を，より一層工夫していくことが求められる。

（2）実際の指導における工夫

　見方・考え方の充実に向けて，実際の指導に当たっては，「（1）都道府県の様子」において，自分たちの県の位置を地図上で確認したり，白地図に地形や産業の分布，交通網，主な都市の位置を書き表したりするために，県の地図や地図帳を十分に活用することが挙げられる。「（2）人々の健康や生活環境を支える事業」においては，学校などの身近な生活や社会における飲料水の使われ方や使用料，学校，商店などから出される廃棄物の種類や量などを調べる活動を設定することが挙げられる。「（3）自然災害から人々を守る活動」においては，ハザードマップや県や市の広報誌，災害年表などを活用することが挙げられる。「（4）県内の伝統や文化，先人の働き」においては，文化財や年中行事を保護したり継承したりしている人々から直接話を聞いたり，先人の働きについては，先人が用いた道具や技術に見られる工夫，実際の取組の様子，当時の社会に与えた影響などを調べる活動を設定することが挙げられる。「（5）県内の特色ある地域の様子」においては，県全体における特色ある地域の位置や自分たちの市との位置関係などを捉え，特色ある地域の様子について調べ，それらを県の白地図に整理する活動を設定することが挙げられる。

参考文献

文部科学省（2018）『小学校学習指導要領（平成29年告示）解説社会編』日本文教出版．

（伊藤公一）

Q7 第5学年の社会的な見方・考え方の視点と方法について述べなさい

1．第5学年の社会的事象の見方・考え方の特徴

　「日本の国土と産業」を扱う第5学年では，国土の地理的環境の特色や産業の現状，社会の情報化と産業の関わりを，国民生活と関連付けて学習する。

　ここでは下記の5つの項目を通して，国土学習で分布や範囲，地形や気候などの位置や空間的な広がりの視点，産業学習で役割や影響，工夫・努力やつながりなどの事象や人々の相互関係の視点を中心に課題追究を行う。それらを活用し，日本の国土・産業の特色や意味，課題や対策について，比較・分類，総合的に捉えたり，国民生活と関連付けて考えたりして学習を行う。

2．第5学年の社会的事象の見方・考え方の具体

（1）我が国の国土の様子と国民生活

　この項目では，まず「国土の概要」として，日本が北半球のユーラシア大陸東端の島々で構成される海洋国家であることを理解できるよう，世界における日本の国土に関する位置や構成，範囲といった視点から，地球儀や地図で調べた情報を基に総合的に捉えたり，周辺諸国と比較したりして学習を行う。次に「国土の自然環境」として，山がちで平野が少なく，四季に恵まれながらも地域で気候が異なる日本の特色を理解できるよう，地形や気候などの視点から地図や資料で調べる。地理的位置や気温・雨量の情報を比較し各地域の自然条件を捉えながら，産業や人々の生活の様子と関連付けて学習を行う。

（2）我が国の農業や水産業における食料生産

　この項目では，まず「食料生産の概要」として，日本の恵まれた自然環境を生かし，地域に適した食料生産が行われている点，私たちの食料確保に重要な役割を果たしている点を理解できるよう，生産物の種類や分布を視点に，地図帳や資料で調べながらその特性を捉え，土地の地形や気候などの自然条

件と関連付けて学習する。また，生産量の変化や外国・他地域との関わりを示す資料を基に，食料自給率も含め食料生産に関わる現状や課題を捉え，食料生産が私たちの生活に果たす役割や影響を，多面的・多角的に考察する。次に「食料生産に関わる人々の工夫や努力」として，食料の生産性や品質，輸送や販売方法など，良質な食料を生産し消費地に届ける従事者の活動を通して理解できるよう，主に食料生産や輸送の過程，その価格や費用，携わる人々の協力関係，新鮮さや安全性を保つ技術革新の視点から調べ活動を行い，収益を上げるための工夫や努力について総合的に捉えながら学習を行う。

（3）我が国の工業生産

　この項目では，まず「工業生産の概要」として，自動車や電気機械を中心に様々な工業生産が行われている点，交通・運輸の利便性や労働者の確保に適した場所に工業地域が広がり工業立国として発展した点を理解できるよう，工業の種類や工業地域の分布に着目し，調べて得た情報を比較・分類，総合しながら，工業生産共通（特有）の特徴や立地条件を捉える。次に「工業生産に関わる人々の工夫」として，工業従事者が消費者の需要や社会変化に対応しながら製品を改良し収益を上げる一方，工業生産を通して私たちの生活の向上や社会の発展に寄与している点を理解できるよう，製品の改良や製造工程，工場相互の協力関係に着目し，調べた情報を総合的に関連付けながら，工業生産の計画的・効率的で持続可能な取組を捉える。最後に「貿易や運輸」の学習として，国内外の貿易・運輸の特色や現状，原材料を確保し製品を販売したり国際関係を維持したりする貿易・運輸の役割について理解できるよう，輸出入品の種類や輸送方法，相手国との関係に着目し，貿易や運輸の様子を捉えながら，工業生産や私たちの日常生活と関連付けて学習を行う。

（4）我が国の産業と情報との関わり

　この項目では，まず「情報産業」として，放送や新聞などが情報媒体の特徴を生かし多種多様の情報を収集・選択・加工することで，人々に素早く正確に分かりやすい情報を伝えている点を理解できるよう，関わる人々の工夫や努力を視点にその共通点や相違点を比較・分類し，情報産業の特徴や役割，情報伝達の仕組みを捉える。次に，「情報や情報通信技術を活用する産業」

について，大量の情報や情報通信技術の活用が様々な産業を発展させ，国民生活を向上させている点を理解できるよう，産業が活用する情報の種類や活用方法に着目し，産業の変化，生活の利便性向上などと関連付けることで，情報を活用する産業が果たす役割や国民生活への影響を捉える。

（5）我が国の国土の自然環境と国民生活の関わり

　この項目では，まず「国土の自然災害」として，多様な自然災害が発生しやすい状況が我が国にあり，自然災害から国土を保全し国民生活を守るため，国などが様々な対策・事業を進めている点を理解できるよう，災害の種類，発生の位置や時期，防災対策などに着目し，自然条件と関連付けて学習を行う。次に「森林資源の働き」として，森林がその育成や保護を行う従事者の様々な取組によって保たれ，国土の保全など私たちの生活に重要な役割を果たしている点を理解できるよう，森林資源の分布や機能，従事者の維持・管理における工夫や努力に着目して調べ，国土の保全や国民生活への影響と関連付けて学習を行う。最後に「公害の防止と生活環境」として，関係機関や地域の人々の継続的な取組により，公害の防止や生活環境の改善が図られてきた点を理解できるよう，公害の時期や経過，人々の努力や連携に着目し，国土の環境や日常生活への影響や変化と関連付けて学習を行う。

3．第5学年の社会的事象の見方・考え方の充実のために

　社会科の良さを生かし学びを充実させるには，上記の見方・考え方に限らず，これまで習得した社会的事象の見方・考え方を総合的に活用し，子どもの多面的・多角的に考察する力を育むことが重要である。例えば，工業生産の項目で既習の時期や時間の経過の視点を生かし，工業地域や生産量の変化に着目することで，日本の工業の現状や課題を捉えていくことも可能である。

参考文献

文部科学省（2018）『小学校学習指導要領（平成29年告示）解説社会編』
　　日本文教出版.

（新谷和幸）

Q8　第6学年の社会的な見方・考え方の視点と方法について述べなさい

1．第6学年の社会的事象の見方・考え方の特徴

　第6学年における社会的事象の見方・考え方の特徴を，社会的事象の「見方」である3つの視点に基づいて示す。第一に，学習の視野を国際社会にまで広げることである。外国の人々の生活の様子と日本の文化や習慣との違いについて比較する学習や，地球規模で発生している課題に着目しながら国際社会における日本の役割について考察する学習に取り組む（「位置や空間の広がり」の視点）。第二に，我が国の歴史上の主な事象を手掛かりに，我が国の歴史の展開を捉えることである。歴史上の主な事象を関連づけたり総合したりすることで，世の中の様子や国家・社会の変化について考える（「時期や時間の経過」の視点）。第三に，我が国の政治の仕組みや，地球規模で発生している課題の解決に向けた連携・協力に見られる工夫，関わり，協力について学習することである。国や地方公共団体の政策の内容および計画から実施までの過程に見られる工夫と，私たちの日常生活とのつながりについて考える。また，国際連合の働きや，我が国の国際協力の様子を捉える（「事象や人々の相互関係」）。これらの学習を通して，平和を願う日本人として世界の国々の人々と共に生きることの大切さについての自覚を養うことが目指される。

2．第6学年の社会的事象の見方・考え方の具体

（1）我が国の政治の働き
　我が国の政治の働きについて，公共施設などの見学や，そこで働く人への聞き取り調査をしたり，国や県，市などが作成した広報誌などの各種資料で調べたりして，図表などにまとめる。その際，日本国憲法の基本的な考え方や国会・内閣・裁判所の働きと，私たちの日常生活とを関連づけて考え，調べたことを基に議論したり，根拠や理由を明確にして議論したりする学習に取

り組むようにする。

　また，国や地方公共団体の政策に関して，根底にある国民の願いとは何なのか，どのような内容の政策か，どのような過程を経て実施されたか，計画から実施までの期間はどれくらいであったか，予算はどのように決められるか，といった問いを設けて調べる。政治の取り組みと私たちの生活とを関連づけながら我が国の政治の仕組みにおける工夫について考えたり，私たちの生活における政治の働きを考え，表現したりする場面を設けるようにする。

（2）我が国の歴史上の主な事象

　取り上げる歴史上の事象と，世の中の様子，人物の働きや代表的な文化遺産などに関する問いを設けて，調べたことをまとめる活動に取り組む。その際，文化財，地図，年表，絵画など，各資料の特性に留意した読み取り方について指導することで，歴史上の事象の背景にある原因や結果，前後の展開や変化，起こった時期や年代などに着目しながら，我が国の歴史の展開を捉える。世界の国々との関わりが深い事象については，当時の世界の動きが分かる資料を用いながら，日本の歴史を広い視野から捉えられるよう配慮する。

　資料を活用しながら，我が国の歴史上の主な事象について学習することで，政治の中心地や世の中の様子の変化などに注目すると，我が国の歴史はいくつかの時期に区分することができることに気づくようにする。また，こうした学習を通して，これからの国際社会における我が国の在り方について考えるようにすることも大切である。

（3）グローバル化する世界と日本の役割

　外国の人々の生活の様子について，各種の資料で調べ，まとめる活動に取り組む。具体的には，衣・食・住に関すること，挨拶の仕方やマナー，気候や地域の特色に合わせたくらしの様子などについて調べる。児童が調べた国について相互に交流し合う活動を取り入れたり，取り上げた国々と日本との国際交流の様子などを取り上げたりして，世界には多様な文化や習慣がある一方で，人間としての願いは共通であることに気づかせる。国際交流の果たす役割や，異なる文化や習慣を尊重し合うためにできることについて考える。

　また，地球規模で発生している課題の解決に向けた連携・協力などに着目

して，国際連合の働きや日本の国際協力の様子について調べる。外国語科の学習などとの関連を図り，地域に住む留学生や青年海外協力隊の元隊員などから話を聞く活動などに取り組む。国際紛争を避ける努力や国と国との安全保障の大切さにも触れながら，国際社会における日本の役割について考えるとともに，世界の人々と共に生きていくために大切なことを多角的に考える。

3．第6学年の社会的事象の見方・考え方の充実のために

　第一に，社会的事象の見方・考え方の視点を生かした問いを活用しながら，問題解決的な学習を組み立てることである。第6学年では，子どもたちが身近に感じることの難しい内容を扱うことが多い。だからこそ，「間口は狭く，奥行きの広い」教材を活用し，子どもたちが問いを追究できるような学習をより意識する必要がある。「主体的・対話的で深い学び」の実現のために，社会的事象の見方・考え方が活用されるという原点に立ち返る必要がある。

　第二に，子どもたちが，社会的事象についての自分の考えを主張・表現できるようにすることである。たとえば，我が国の政治の働きと私たちの日常生活との関連について調べるだけでなく，私たちは政治にどのように関わっていけるのかについて考えて発表したり，環境破壊，貧困，人権など国境を超えた課題について調べたことと，私たちの生活や行動とのつながりについて考えたことを表現したりすることなどが考えられる。その際，複数の立場の人々の意見を教材に取り入れたり，子ども同士の意見を聞き合ったりすることで，他者の主張を踏まえながら社会的事象についての自分の考えを再構成する機会を，学習の中で設けるよう心がける。「思考力，判断力，表現力等」の資質・能力のうち，「表現力」に注目することで，社会的事象の見方・考え方の活用場面をより明確に設定できる。

参考文献

文部科学省（2018）『小学校学習指導要領（平成29年告示）解説社会編』日本文教出版.

（久保園梓）

第6章　社会科の学習上の困難点と指導の手立て

Q1　都道府県の名称と位置の学習上の困難点と指導の手立てについて述べなさい

1．薄らぐ地図とのふれあいと空間認識

　地理情報システムの進歩は著しく・空間情報は可視化できるよう編集され日々使用する地図アプリ等の技術進歩は著しく，少ない操作で視認性も高まり多くの世代に親しまれている。そうした背景の中で，子どもを取り巻く社会環境ではゆっくりとデータを収集して，地図上に情報を整理しなおして分析するということはなくなりつつある。スマートフォンに入れたアプリケーションにアクセスすればデータ収集から分析までの過程を経たものが現れ人はその対応を考えて行動化するだけでよい日常へと変化している。行ったことのない町の商店でも，お店までの交通手段や周囲の街並みの写真までスマホの中に表現されイメージできる。行きたいお店の周辺にどんな観光地があるか，特産品がなにかを知らなくても，スマホさえあれば行きたいお店がどこにあっても家庭にいながら思い浮かべることができる。その便利さが日常となっているため，大人も子どもも生活の中で地図を片手にゆっくりと歩くという行為は極めて減少している。反面，これまでなら潜在的に習得できた空間認識は薄らいでいる。こうした背景だからこそ，改めて都道府県の名称や位置の学習で，地図帳の活用し社会的な見方・考え方を働かせる重要性を学びながら，学びを明確にした指導が必要である。

2．暗記する教科と思われた誤解と指導項目

　2017（平成29）年改訂学習指導要領において，道府県名で使用される漢字は，小学校4年生までに全て学習することになった。これまで小学校では学習しなかった，「潟」「媛」「栃」「岐」など20字もの漢字が増加された。
　都道府県の名称は県の学習を進めるために必要なだけでなく，4年生以降の社会科学習で必要とされる基礎的な知識である。そのため，これまでは学

習指導要領に示されていない漢字でありながら，子どもたちにせめて県名だけはけは後の学習のためにも，漢字で読み書きができるようにと強いる教師もいた。しかし，子どもたちにそうした意図は伝わらず，「潟」のようないくつかの覚えにくい漢字もひたすら暗記が強いられてきた。無理なく暗記ができた子どもたちは覚えるという学習に興味をもって次のステップへと向かうことができた。しかし，覚えることに意味を見出せない子どもたちは学習の無意味さに抵抗し，社会科は暗記をする教科という素地が醸成され，次第に社会科は暗記をすることが多いので嫌いだという子どもたちが一定数生まれることにつながるという側面もあった。

　それでも多くの子どもたちの成長の過程で，この時期に県名とその位置を覚えたことは，その後の社会生活の中で共通知識として使われ，空間認識の基礎となっていることも間違いない。今回の県名の漢字の移行も教科間の学びの段差を埋める指導を埋め，都道府県の様子について学ぶ意義や学習者の学びの心理にも寄り添うことで，無理なく効果的な定着をねらっている。

3．暗記を乗り越え，主体的に学ぶ工夫

（1）地図帳指導の移行

　2017（平成29）年改訂学習指導要領になり，都道府県の名称と位置の学習を進めていく上でも，県名を覚えるということは求められる。都道府県名の学習でも県名テストは継続されるが，位置や県の名産品クイズ・パズル・ICTなどを活用して少しでも学習者の負担を軽減した学びができるような工夫も各教師によってなされている。いずれにしても学年が終われば暗記した知識が剥離することのないように，一過性の無理を強いた暗記を求めることは避け，各都道府県の特色を活用し，県名や位置を単に「覚える」だけでなく各都道府県名などを活用して，特色の理解を育てることが大切である。

　また，2017年の学習指導要領改訂で，第3学年から地図帳の活用が盛り込まれた。学校の社会科カリキュラムの中で，意識的に地図を活用する力の系統的な育成を位置付け，県名や位置を3年生から目にする機会を設け，子どもたちの中へ潜在的に意識化させていくことも求められる。

社会に出てしまえば地図アプリに頼り地図を見る環境が減っている現代社会だからこそ，地図と触れ合いながら，空間的な見方・考え方から社会の仕組みを読み解けるようになることは，小学校の社会科でこそ習得をしておかねばならない。4年生の都道府県の名称と位置の学習の場合は，より子どもたちの経験などを盛り込みながら，具体的な県のイメージを喚起できるような地図や白地図の利用を考える必要がある。例えば

・見立て地図などを利用しての県全体の形状の具象化

・祖父母の家との連携，旅行で使った交通手段や経験，お土産や特産物

などと等高線や気候，文化などを関わらせ，子どもの生活と空間軸・時間軸の深化にむけて，県名や位置を学ぶことが必然となるようにしたい。

（2）ICTを用いて県を俯瞰できるよう見方の移動を促す

県の位置を知る学習では，地図を見ながら県や隣接県・国全体の関係性を子どもなりに頭の中でイメージすることが求められてきた。近年では教室の環境も整備され，多くのICT関連教材が使われ，教室にいながら俯瞰して自分たちの住む地域を見ることができ，子どもたちから新たな発見が導き出せるようになった。国土地理院ホームページでも，優れたICT教材を利用できる。様々な地図に表された範囲を立体視できたり，陰影をつけ高低差を実感することなど多様な学びが可能であるまた，白地図の縮尺の変更や都市と交通網のつながりを自由にオーバーレイして見ることもできる。

こうしたICT教材や地図帳を繰り返し使っていけば，空間認識や生活経験の少ない子どもがいる学級でも，空間的な見方を全員で可視化でき，共有することができる。自由に操作できる時間を与え，問題を主体的に見つけだせたなら，これまでと異なる展開の県の位置の学習へと発展するであろう。

参考文献

国土地理院ホームページ　https://www.gsi.go.jp/

氣谷達郎（2011）「社会科における基礎知識の定着に関する研究－小・中の地理的な内容の関連と教材の工夫」『福井県教育研究所研究紀要』116号.

（須本良夫）

Q2　主な国の名称と位置の学習上の困難点と指導の手立てについて述べなさい

1．主な国の名称と位置についての指導要領における位置付け

　2017（平成29）年改訂学習指導要領では，外国の名称の取扱いを第3学年内容（2）「地域に見られる生産や販売の仕事について」より着手することになる。そして第4学年では内容（5）「県内の特色ある地域の様子」において「国際交流に取り組んでいる地域」を取り上げた際に指導機会がある。第3・4学年ともに国旗を尊重する指導の過程において外国の名称と位置，国旗を地図帳などで確認する指導の配慮が求められている。第5学年内容（1）「我が国の国土の様子と国民生活について」は，これまでの地図帳，各種の資料に加え地球儀を用いて，世界の主な国の位置関係を手掛かりに我が国の国土の様子の特色へと追究を進めることになる。

　中学校への接続・発展を視野に入れた内容構成の視点から小学校の学習内容が整理されている点にも留意したい。中学校社会では世界の諸地域学習における地球的課題の視点が導入されており，世界各地で見られる地球的課題について地域性を踏まえて適切に捉えることが求められている。小学校では社会的事象を総合的に捉える内容構成となっているが，中学校に向けた資質・能力の基礎の育成としての位置づけも押さえておきたい。

　学習内容としては複数学年に渡った領域であるが本節では，第5学年における内容の取扱いを軸に学習上の困難点と指導の手立てについて検討する。

2．学習上の困難点とその指導の手立て

（1）特色を知覚する根拠としての「位置」と「国土の構成」を捉える

　学習指導要領では「位置」と「国土の構成」の学習は「特色を考え，表現する」ことに要点を置いている。具体的には我が国の国土の特色を地図帳や地球儀などを用いて説明することが求められる。学習者は，我が国の「位

置」を例えば「日本は地球上の北半球にあること」「日本の周囲に広がる海は太平洋・日本海・オホーツク海などと呼ばれること」「同じ海に面したほかの国と隣り合っていること」など，「位置」を捉えて特色を考え表現することが考えられる。

「国土の構成」についても「日本が6800を超える大小多数の島々から構成される」「北海道本州，四国，九州，沖縄島，北方領土などの主な島々が弧状に連なっている」など，こちらも他の国の領土の形や面積との比較の中で特色を考え表現することとなる。

第5学年の主な国の名称と位置の学習は，我が国の国土の様子を捉え，その特色を考える根拠を築く学習である。特色を考え表現できるようにするための根拠として「位置」と「国土の構成」を明確にすることで，日本の国土の特色を様々な観点から捉えられるようになる。このため「日本は世界のどこに位置しているのか」「その国はどこに位置しているのか」「日本とはどのような位置関係か」といった学習の手掛かりとなる問いに対して，学習者の表現が単一化してしまうことは避けたい。多用な表現方法があることに気付かない学習者や表現として言語化することが困難な学習者への支援が重要となる。

世界の中における日本の「位置」と「国土の構成」をどのように知覚するかで日本の国土の特色についての表現は変わってくる。自然条件との関連付けた問いを設けるなど，学習者に様々な捉え方を味わわせるよう手立てをとりたい。

（2）情報の総合化に取り組む

もう一つの学習上の困難点は，情報の総合化である。主な国の名称については，社会科における学び以外の場面においても目にしたり耳にしたりすることで定着が促されやすい。一方で，主な国の名称について位置をはじめとするその他の情報と総合して表現するためには地図帳や地球儀，各種の資料の活用による意味付けが要求されるため，これらの技能を身につけるための支援が欠かせない。その際，我が国の食料生産や工業生産の学習において外国とどのような関わりがあるのか，後続する学習において基礎的情報となる指導を織り込むことが重要である。例えば，日本とその国を結ぶ交通網につ

いてどんな移動手段が考えられるかなどの問いを導入しておくことは，後続
の学習で原材料や工業製品の輸送手段など貿易の様子を捉えさせるときの探
究の手掛かりとなるだろう。情報の総合化を学習者に促すには各種資料との
関連を考える問いに取り組ませ，探究を意識化していく必要がある。

　また，主な国の範囲としては近隣諸国を含めたユーラシア大陸やその周り
に位置する国々の中から10か国程度，南・北アメリカ大陸，アフリカ大陸，
オーストラリア大陸やその周りに位置する国から2か国程度選択することが
想定される。国の名称には中国，韓国といった通称で見聞きする機会の多い
国もあることから，地図帳や地球儀などを用いて取り上げた国の正式名称を
確認しつつ，位置を確認するようにしたい。

　国旗の指導においても，外国についての情報の総合化が重要である。国旗
はその国の社会制度や，国土の自然条件を表象する意匠が織り込まれてお
り，情報量豊かな教材となる。国旗に込められた思いから尊重する態度をは
ぐくむ手立ても必要であろう。また，オリンピック・パラリンピックなど各
種国際的な行事は国旗とともに主な国と出会う機会も想定されるため，主な
国の名称と位置は学習者にとって主体的探究を促す動機付けの余地に富む内
容である。地図帳や地球儀，各種の資料を活用する手がかりをこの点から見
出すことも考慮したい。

3．わずかな違いをとらえる力を，多角的にものごとをとらえる力へ

　マーク・チャンギージー著『ヒトの目，驚異の進化（邦題；邦訳2020；早川
書房）』には，ヒトの肌の色について，色がついていないように見え，あた
かも無色であるかのように知覚し，それゆえにわずかな肌の色の違いを見分
けるというエピソードがある。様々な国をただ「国」と違いをあまり意識せ
ず分類するだけではない，多角的な捉え方の根拠を，主な国の名称と位置の
学習では育みたい。自らの知覚の根拠たる我が国の見え方を磨くことによっ
て，他の国の見え方も様々に変わるのである。

（小野智一）

Q3 歴史上の人物と業績の学習上の困難点と指導の手立てについて述べなさい

1. 小学校第6学年における歴史学習の内容

　小学校第6学年における歴史学習は，人物の働きや代表的な文化遺産を中心として学習することとなっている。2017（平成29）年改訂学習指導要領では，「我が国の歴史上の主な事象について，学習の問題を追究・解決する活動を通して，次の事項を身に付けることができるよう指導する」とした上で，身に付ける「知識及び技能」については，「我が国の歴史上の主な事象を手掛かりに，大まかな歴史を理解するとともに，関連する先人の業績，優れた文化遺産を理解すること」，また，身に付ける「思考力，判断力，表現力等」については，「世の中の様子，人物の働きや代表的な文化遺産などに着目して，我が国の歴史上の主な事象を捉え，我が国の歴史の展開を考えるとともに，歴史を学ぶ意味を考え，表現すること」としている。

　実際の指導においては，両者を関連付けながら，「世の中の様子，人物の働きや代表的な文化遺産などに着目して，遺跡や文化財，地図や年表などの資料で調べ，まとめ，我が国の歴史上の主な事象を捉え，我が国の歴史の展開を考え，表現することを通して，大まかな歴史を理解するとともに，関連する先人の業績，優れた文化遺産を理解できるようにすること」や「歴史を学ぶ意味を考え，表現できるようにすること」とされている。

2. 歴史上の人物と業績の学習とその困難点

　このように，歴史上の人物と業績の学習においては，我が国が歩んできた歴史の中で，その時期の世の中の様子を形づくったり，国家や社会の変化に大きな影響を及ぼしたりした人物の働き（先人の業績）を通して，大まかな歴史を理解したり，歴史の展開や歴史を学ぶ意味を考え，表現したりすることが目指されている。

　2017（平成29）年改訂学習指導要領では，「歴史学習の全体を通して，歴史から何が学べるか，歴史をなぜ学ぶのかなど歴史を学ぶ目的や大切さなどについて考える」際に，「今日の自分たちの生活は，長い間の我が国の歴史や先人たちの働きの上に成り立っていることや，遠い祖先の生活が自分たちの生活と深く関わっていることなどを理解できるようにし，自分たちもこれからの歴史の担い手となることや，平和で民主的な国家及び社会を築き上げることについて，考えを深めるようにすることが大切である」としている。

　また，「実際の指導に当たっては，我が国の歴史は各時期において様々な課題の解決や人々の願いの実現に向けて努力した先人の働きによって発展してきたことを理解できるようにし，我が国の発展してきた基盤について考え，我が国の歴史への関心を高めるようにすることが大切である。このことは，我が国の歴史や伝統を大切にして国を愛する心情につながるものである」とされている。

　以上のような，歴史上の人物と業績の学習においては，歴史上の主な事象に対応する人物の働きをいかに具体的に理解させるか，また，人物の働きを通してそれぞれの時期における国家・社会の様子や歴史の展開をどのように捉えさせるかなど，学習上の困難点が考えられる。このような課題を克服するためには，次のような指導の手立てが必要となろう。

3．歴史上の人物と業績の学習とその手立て

（1）児童の興味・関心を踏まえて，取り上げる人物を精選すること

　児童にとっては我が国の歴史を初めて学習することから，児童の興味・関心を踏まえて，取り上げる人物を精選する必要があると考えられる。2017（平成29）年改訂学習指導要領では，歴史上の主な事象に関連して，国家及び社会の発展に大きな働きをした代表的な人物として合計42名を例示している。歴史上の人物と業績の学習においては，基本的にこれらの人物を取り上げ，その働きを通して指導を行うことになるが，指導のねらいが達成できるのであれば，例示された人物に代えて，他の人物を取り上げることも可能であるとされている。そして何より，小学校の歴史学習においては，歴史上

の主な出来事や年号などを覚えるだけでなく，我が国の歴史に対する興味・関心をもち，歴史を学ぶ楽しさを味わわせるとともに，歴史を学ぶことの大切さに気付かせるようにしたい。

（2）人物の働きを具体的に理解できるような工夫をすること

以上に関連して，指導計画を作成する際には，歴史上の事象の中で重点的に扱うものと関連的に扱うものを明確にして授業時間の掛け方に軽重を付けるなど，歴史上の主な事象の取り上げ方を工夫し，小学校の歴史学習に関する目標や内容が一層効果的に実現できるようにすることが大切であるとされている。歴史上の人物と業績の学習においては，重点的に扱う歴史的事象やそれに対応する人物について，資料の数や扱う授業時間数に軽重を付けるなど，指導の重点の置き方に工夫を加え，人物の働きを具体的に理解できるようにすることが重要である。その際，児童の発達の段階を踏まえた教材，資料の内容や提示の仕方などを工夫し，学習活動を具体的に展開する必要があろう。

（3）歴史上の事象と人物の働きのつながりを意識した問いを工夫すること

人物の働きを通して，それぞれの時期における国家・社会の様子や歴史の展開を捉えさせるためには，取り上げる人物が，当時，直面していた課題とその状況のなかでとった行動（選択・判断）を具体的に調べていくことが必要である。そのためには，歴史上の事象と人物の働きのつながりを意識した問いを工夫することが大切であろう。例えば，「その人物はどのようなことをしたか」，「なぜそうしたか」，「社会や人々にどのような影響を与えたか」などの問いを設けて，それぞれの時期における国家・社会の発展に貢献した先人の働きについて様々な資料をもとに調べることが考えられる。その上で，調べた歴史上の主な事象を関連付けたり総合したりして，それぞれの時期における国家・社会の様子や歴史の展開を捉えさせていくことが重要である。

参考文献

文部科学省（2018）『小学校学習指導要領（平成29年告示）解説社会編』日本文教出版.

（熊田禎介）

Q4　資料から読み取った情報を比較・関連付け・総合する学習上の困難点と指導の手立てについて述べなさい

1．「比較・関連付け・総合する」とは

　「比較・関連付け・総合する」は，「社会的な考え方（以下，「考え方」）」にあたる。「考え方」とは，2017（平成29）年改訂学習指導要領解説に依拠すれば，「事実等に関する知識を習得し，それらを比較，関連付けなどして考察・構想し，特色や意味，理論などの概念等に関する知識を身に付けるために必要となるもの」である。これが明確に打ち出された背景には，中央教育審議会が2016（平成28）年に作成した『次期学習指導要領等に向けたこれまでの審議のまとめ』における次の指摘がある。「資料から読み取った情報を基にして社会的事象の特色や意味などについて比較したり関連付けたり多面的・多角的に考察したりして表現する力の育成が不十分である」。これは「学習上の困難点」以前の問題であり，「考え方」が明示されたことで，まずは「学習上の困難点」を生成する土壌がつくられたといえる。

2．学習上の困難点と指導の手立て

　「考え方」を働かせてもらうには，発問，教材，学習活動の工夫が求められる。まず，発問について。確認するが，「考え方」は，資料から読み取った事実等に関する知識（＝事実的知識）を「比較・関連付け・総合する」ことであり，これにより，社会的事象の特色や意味（＝概念的知識）に辿り着く。そうであるから，「特色」や「意味」を問えば，子どもはごく自然なかたちで「考え方」を働かせることができる。具体的には，「どのような共通点があるか」「どのような仕組みといえるか」などと「特色」を問うことで，事実と事実を「比較」「総合」する。また，「なぜ必要なのか」「どのような役割を果たしているか」などと「意味」を問うことで，社会的事象と子ども自身の生活

とを「関連付け」る。ただし，「どのような」という発問は，何に着目すれば
よいのかを明瞭に指示してはいないため，子どもからするとやや答えにくい。
そこで，たとえば第3学年の内容「販売の仕事」であれば，「スーパーマー
ケット（以下，スーパー）で働く人が，野菜や果物を農家から直接仕入れる
のはなぜだろう」といった「特色」を問う発問や，「なぜ日本全国さらには世
界から野菜や果物が運ばれてくるのだろう」といった「意味」を問う発問を
設定するとよいだろう。もっとも，「なぜ」と発問する際にも，次のことに気
をつけるべきである。すなわち，「なぜ」は，着目する点を子どもが見出すこ
とは「どのような」に比べて容易でも，それが複数あるため，ポイントを絞っ
て子どもに思考してもらいたいときには工夫が必要である（もちろん，複数
の視点から回答が出されることよって可能となる学習展開もあるため，必ず
しも発問の段階でポイントを絞らなくてもよい）。たとえば，「私たちの食生
活は他地域とのつながりによって支えられている」という「意味」を見出し
てもらいたい場合，現状とは逆の事態，つまり，「他地域から食べものが運ば
れてこなかったら，私たちの生活はどうなってしまうだろう」などと発問し，
それと比較してもらう，という手段が考えられる。

　そして教材については，教師による提示の工夫や加工を要するが，それは
子どもによるものでも当然よい。「販売の仕事」の例でいえば，野菜や果物
の産地を書き込んだ地図を作成し，その全体を眺め，いかに多くの地域から
それらが運ばれてきているかを捉える。だがこれだけでは，国民生活との
「関連」はみえにくい。そこで次に，産地を表にまとめ，自地域で生産され
るものの数と他地域のそれとを「比較」してみると，自分たちの生活がいか
に他地域に依存しているかがわかる。あるいは，自地域産のものも一定数あ
るとすれば，こちらにも着目し，地産地消の「意味」を考察することもでき
る。おそらく子どもは，スーパーの見学・調査を行った際，地産地消コー
ナーに気づいて写真を撮ったり，それについて店員にインタビューしたりし
ているはずである。これも，地産地消と自分たちの生活を「関連付け」るた
めの教材として用いるとよい。

　さらに，「意味」を捉えようとするとき，どのような学習活動を設定するか

も考えなければならない。その学習活動とは，「対話」である。先述のとおり，子どもによる「意味」についての説明の仕方は一様ではない。たとえば，「なぜ日本全国さらには世界から野菜や果物が運ばれてくるのだろう」という発問に対しては，「県内や日本ではつくることのできない食べものがあるから」「その地域の特産品が運ばれてきているから」といった発言が見込まれる。これらを交換し合うことで，最終的には「私たちの食生活は他地域とのつながりによって支えられている」という共通の「意味」を見出し，かつ，それが複数の角度から説明される過程を経ることで，深い理解が可能になるのである。もっとも，子どもどうしだけではうまくいかないケースも想定される。この場合，教師が各々の発言の内容をさらに問い，共通部分まで掘り進んだところでそれらをつなぎ合わせる，といった支援が必要になろう。

3．発問，教材，学習活動を「縦横」につなぐ

以上，発問，教材，学習活動それぞれについて，「考え方」を働かせるうえでの困難点とそれを踏まえた指導の仕方を述べた。改めていうまでもなく，これら3つは相互に関連し合っているため，たとえば発問を十分に機能させるには，それに対応した教材を用意し，学習活動を設定する必要がある。また，1つの発問，1つの教材，1つの学習活動で「考え方」を働かせてもらおうとしても，うまくいかない。それを，単発的なものでなく，連続する1つの「過程」として組織することが肝要である。

参考文献

小倉勝登（2019）「社会科における『見方・考え方』を働かせて資質・能力を育成する授業」『初等教育資料』（984），pp.10-13.

片上宗二（2013）『社会科教師のための「言語力」研究－社会科授業の充実・発展をめざして』風間書房.

澤井陽介・加藤寿朗編著（2017）『見方・考え方［社会科編］』東洋館出版社.

（鎌田公寿）

Q5 地図から読み取った情報を適切に表現する学習上の困難点と指導の手立てについて述べなさい

1. 地図の読み取りと表現との間に潜む学習上の困難点

　社会科の授業や学習にとって，地図は欠くことのできない教材であり教具でもある。社会科の教科書とともに活用される地図帳は，これまでは小学校の第4学年から用意される教科用図書であったが，2020年4月からは小学校第3学年以上の全ての児童が携えることになった。今後は社会科の学習ではもちろんのこと，他の教科や学習の中でも，さらに地図帳の活用が進んでいくことが期待されている。

　児童にとって社会科の最初の学習となる第3学年の「身近な地域や市区町村の様子」の学習では，実際に観察や調査したり地図などの資料で調べたりして，児童の生活する身近な地域内や市区町村内の場所による違いを考え，白地図などにまとめる形での表現活動が展開される。このような学習活動を通して，地図などの資料から位置や地形，広がりや分布などを読み取る技能や，地図記号を使って調べたことを白地図などにまとめる技能などの育成が求められている。今後は，このような第3学年の社会科の冒頭の学習から，地図帳を活用する子どもたちの姿が当たり前となっていく。

　これまでも社会科の授業の中では，地図帳を中心にして，地図から情報を読み取る学習や白地図などに情報をまとめる学習活動は活発に行われてきた。しかしながら，2012・2013（平成24・25）年度に国立教育政策研究所が実施した「小学校学習指導要領実施状況調査」では気になる調査結果が示されている。社会科の学習において「地図から読み取った情報を適切に表現すること等については課題がある」との指摘である。具体的には「二つの地図から工場の分布と交通網の様子を読み取り，それらを関連付けて工場の立地条件を考え文で表現するなど，資料から読み取った情報を相互に関連付けて，社会的事象が成立する条件などを考え表現することに一部課題がある」

とのことである。

　この調査によると，九州地方のIC工場の分布を示した地図と，九州地方の高速道路と空港の所在を示した地図のそれぞれから情報を読み取り，IC工場が高速道路や空港に近い位置に分布していることまではつかめているが，その理由を考えて表現することが困難な児童が多いことが明らかにされている。そのため，地図から情報を読み取る技能と，読み取った情報を関連付けて思考・判断・表現することが結びついた学習活動が十分でない可能性がある。

2．地図を社会科学習の手段・目的・問題解決に位置づける必要性

　地図や地図帳を難なく使いこなす児童もいれば，苦手意識を持つ児童も少なくはない。教師側も同じく，地図や地図帳を社会科授業でうまく活用する先生もいれば，授業の中で積極的には使わない先生も多い。帝国書院による2017（平成29）年の「小学校地図帳活用に関するアンケート結果」では，教師側の地図帳活用について「指導に悩んでいる」「もっと情報がほしい／研究したい」ことの上位に，「縮尺の読み取り方や距離の求め方」「交通網のようすや他地域との関わりをつかむ学習」「歴史学習における地図帳活用」があがっている。

　縮尺や距離は計算も伴う地理的技能に関する側面であるが，地図帳による交通網と他地域との関わりや歴史学習への活用は技能だけでなく，思考・判断・表現に関わる要素も関係する。特に交通網と他地域との関わりについて，「指導に悩んでいる」「もっと情報がほしい／研究したい」と考えている教師の多いことは，児童の「地図から読み取った情報を適切に表現すること等については課題がある」との結果にも関係している可能性がある。

　小学校の社会科学習において，児童が地図や地図帳を通して，地理的な技能を獲得していくことは重要である。また，授業の中での学習課題や学習問題を思考し判断した結果を表現していくための情報や根拠などをつかむための手段や情報源としての大きな役割も，地図や地図帳はもっている。

　地図から位置や地形，広がりや分布などを読み取る技能や，地図記号を

使って調べたことを白地図などにまとめる技能を使いながら，読み取ってまとめた結果から，例えば児童の生活する身近な地域や市区町村はどのような特色をもっているのか，そのような特色はどのような背景や要素から生じているのか，などについて，思考・判断・表現できるような学習展開を，日々の社会科授業の中で日常的に仕組んでいくような指導の手立てが必要である。

参考文献

国立教育政策研究所「平成24年度学習指導要領実施状況調査教科等別分析と改善点（小学校社会）」https://www.nier.go.jp/kaihatsu/shido_h24/01h24_25/02h24bunseki_shakai.pdf　2020年3月31日閲覧.

帝国書院「小学校地図帳活用に関するアンケート結果」https://www.teikokushoin.co.jp/teacher/pdf/2017_elementary_schoo_atlas_questionnaire.pdf　2020年3月31日閲覧.

（永田忠道）

第7章　社会科の教材研究の視点

Q1 市区町村の様子と市の様子の移り変わりの教材研究の視点について述べなさい

1．市区町村の様子と市の様子の移り変わり

　「市区町村の様子」と「市の様子の移り変わり」は第3学年の内容である。前者は「地理的環境と人々の生活」に関わる内容で，後者は「歴史と人々の生活」に関わる内容に区分されている。教師はこれらの学習では地域の実態や特性を生かす，子どもたちが興味・関心をもって学習に取り組めるようにする，といった点から教材研究を進めていく必要がある。

（1）「市区町村の様子」の教材研究の視点

　「市区町村の様子」は学年の導入で扱い，生活科での学習との関連を考慮して，子どもが具体的な活動や体験を通して地域の地理的環境の概要を説明できるようにする必要がある。教師は子どもの日常生活や場所の様子に関する資料を手掛かりに，市区町村の様子を，都道府県内における位置，土地の高低や自然環境などの地形，田畑や住宅地などの土地利用の様子，交通機関や道路など交通網の様子，公共施設や古くから残る建造物から調べ，子どもが「これらはどのようになっているのか」「これらはどのように関わり合っているのか」という問いを立て答えを出すことができるように，教材研究を行う。

　まず教師は市区町村の土地の高低，山や海，川などの自然環境がどのようになっているのかを地図にまとめて把握する。それらに，人々がつくり上げた住宅地や交通網など人々の動きが多くなっている場所と少なくなっている場所を重ねて，空間的広がりや時間の経過からの変化を検討する。例えば，山を開いて建てられたであろう住宅街の造成には，場所の位置，生活しやすさや交通機関や道路の整備が関わっている。子どもが買い物に出かける販売店は，人の集住や生産の場との距離，道路の整備と関係している。消防署や消防倉庫，警察署や交番は災害，事件や事故の際にすぐ駆け付けられるよう

に地域の各所に点在している。「市区町村の様子」を理解するための地図に，第3学年の社会科で扱う教材（市役所や消防署，警察署，体育館，駅や主要道路等まで）も含めておくと，その後の学習につながる。

　子どもはこれらを理解することによって，自分のまちを自然環境，人々が生活する様子や日常的に移動する様子から捉え，「なぜ市区町村の様子が場所ごとに違っているのか」という問いに基づいて，地域の地理的環境の概要を説明できるようになっていくのである。「市区町村の様子」は，社会科の内容の枠組み上，第4学年の「県の様子」「県内の特色ある地域の様子」へと接続するよう計画されている。無理なく接続できるように市から県へひろがる河川，主要な道路や公共交通機関を理解させる必要がある。

（2）「市の様子の移り変わり」の教材研究の視点

　「市の様子の移り変わり」では，子どもが「市区町村の様子」他で学んだことを踏まえて，子どもが公民館や資料館などの関係者，地域の人たちから情報や資料を得て，地域の様子がこれまで変化してきたことを時間の経過に沿って説明できるようになることをめざしている。教師は地域の様子の移り変わりについて，交通網や公共施設が整備されてきた経緯，土地利用の様子の変化，人口の増減，地域の人たちの生活上の変化から調べ，子どもが「地域はどのように移り変わってきたのか」「地域の様子はなぜこのように変化したのか」という問いを立て答えを出すことができるように，教材研究を行う。

　まず教師は地域の様子の移り変わりを年表にまとめて時間の経過を把握しなくてはならない。それらを検討して，子どもがわかりやすくとらえられるように，年表に記載された項目が関わり合っていることを理解できるように，必要なものと不必要なものを見極めて掲載しなくてはならない。

　1970年代から2010年代まで，全国各地に市町村合併，交通網の整備がなされ，人口の増減や少子化高齢化，国際化など地域を変容させてきた要因がある。地域の変容が生じさせた課題には，都市部では中心地の賑わいの喪失，交通手段の喪失，外国人との共生など，農村部では過疎化と跡継ぎ不足，山間部では過疎化による限界集落化，島嶼部では過疎化と医療問題，ラ

イフラインの確保などを取り上げることが考えられる。子どもはこれらを理解し，変化した事象を関連づけたり，変化の傾向を特徴づけたりして，「なぜ変わったのか」を他者に説明できるようになることによって，変化の中で生じた課題を「市民としてどうすべきか」を話し合うことができるようになっていくのである。

「市の様子の移り変わり」は社会科の内容の枠組み上，第4学年の「県内の伝統や文化，先人の働き」へと接続するよう計画されている。無理なく接続できるように年表や昔の写真などで時間の流れを確かに理解させる必要がある。

2. 教材研究の実際 −北九州市の様子の移り変わり−

北九州市を事例に，「市の様子の移り変わり」の教材研究について述べる。北九州市は1963年の五市合併によって発足し，人口100万人を擁した政令指定都市となった。1971年の九州自動車道や1975年の山陽新幹線の開通後，北九州市は交通結節点として利便性が増し，市内にバスやモノレールなどの交通の整備を進めたことで，各地の様子は駅など人が集まる場所を中心に大きく変わっていた。教師が交通の整備，市街地の変化，人口の増加を表す写真や映像，統計データなどの資料を提示すれば，子どもは1970年代までに社会が発展して市民の生活が向上していった様子を理解できる。だが1980年代以降，北九州市が北九州空港の開港や大規模商業施設の建設などの取り組みを進めても，人口は100万人を割り込んで減少を続けている。教師はそれまでと異なる現象（少子高齢化・人口流出）に子どもが考えざるを得ない場面をつくれるように，地域の課題について教材研究しなくてはならない。

参考文献

澤井陽介・加藤寿朗編著（2017）『見方・考え方［社会科編］』東洋館出版社.
社会認識教育学会編（2019）『小学校社会科教育』学術図書出版社.

（小田泰司）

Q2　地域の生産や販売の仕事と地域の安全を守る働きの教材研究の視点について述べなさい

1．地域の生産や販売の仕事に関する学習活動のあり方

　生産や販売の仕事は，主として現代社会の仕組みや働きと人々の生活に位置付けられており，身近な地域や市の農家や工場と商店の仕事に関する学習内容が取り扱われている。これらの内容を実際の学習活動に落としてみれば，次のような学習過程が想定される。

　まず，地図や資料を活用したり，見学・調査活動を行ったりすることよって，仕事の種類，仕事の工程や消費者の願い，販売の仕方などを調べまとめる。次に，調べて分かったことやまとめた結果に基づき，生産と販売に携わる人々の仕事の様子を捉えた上で，それぞれの仕事に含まれた工夫を考える。最後に，学習活動を振り返って，生産の仕事は地域の人々の生活と密接な関わりをもって行われていることと，販売の仕事は消費者の多様な願いを踏まえ売り上げを高めるように工夫して行われていることを理解させる。

2．地域の生産や販売の仕事に関する教材研究の視点

　上記の学習活動に適用される教材を展開又は開発するにあたって，まず，子どもの学習意欲を担保する視点が必要である。産地の分布・仕事の工程と販売の仕方・他地域や外国との関わりといった産業事実から，生産活動の社会的役割と販売活動に施された工夫を汲み取って理解させる際に，具体的な情報から抽象的な概念を生成する思考過程が介在するため，子どもの見取り方に沿って教材内容や指導方法を吟味する必要がある。学習意欲がこの思考過程を進める原動力として重要な役割を果たすため，子どもの学習意欲を担保するよう，当該の学習内容の目標を考慮しながらも，子どもの見方・考え方を基に学習内容を組み立てることが求められる。

　次に，子どもの社会認識を深める視点が必要である。生産や販売の仕事は

現実社会の経済活動に基づく学習内容であるため，経済活動に内在した経済的合理性を含んでいる。前文で例示した三段階の学習過程は，単なる生産活動の社会的役割と販売活動に含まれた工夫に対する理解まで留まってしまうと，地域の生活を支える生産と販売活動の従業者の工夫や努力を感謝しなければならないといった不十分な社会認識が，子どもの中で形成される恐れが生じる。科学的な社会認識を形成させるために，上述の学習過程を生産と販売活動に従事する人々の工夫や努力からもう一歩先に深めて，生産と販売活動及びその従業者の工夫や努力に含まれた営利的な要素を子どもに気づかせることは不可欠である。

3．地域の安全を守る働きに関する学習活動のあり方

地域の安全を守る働きに関する学習内容は，主として現代社会の仕組みや働きと人々の生活に位置付けられており，緊急事態への対処体制と火災や事故の予防体制に関する学習内容が取り扱われている。これらの内容を実際の学習活動に落としてみれば，次のような学習過程が想定される。

まず，地図や資料を活用したり，見学・調査活動を行ったりすることよって，施設・設備などの配置，緊急時への備えや対応などを調べまとめる。次に，調べて分かったことやまとめた結果に基づき，関係機関や地域の人々の諸活動を捉え，相互の関連や従事する人々の働きを考える。最後に，考えた結果を踏まえて，消防署や警察署などの関係機関が相互に連携して緊急時に対処する体制をとっていることや，地域の人々と協力して火災や事故などの防止に努めていることを理解させる。

4．地域の安全を守る働きに関する教材研究の視点

上記の学習活動を展開する際に，安全教育の視点が求められる。地域の安全を守る働きに関する教材を展開又は開発するにあたっては，緊急事態への対処体制と火災や事故の予防体制を現代社会の仕組みや働きとして理解させることがまず求められるが，その他にも，地域や自分自身の安全を守るという視点から，緊急時の被害を最小化に食い止めることや火災や事故を未然に

防ぐことの重要性に気づかせて，緊急事態や災害や事故などを対処する力を獲得させる学習内容を射程に入れる必要がある。

　安全教育と関連して，子どもの社会参画を促進する視点も必要である。社会参画する力を育むために，生命を尊重し，安全で安心な社会づくりの重要性を認識させた上で，地域社会の安全活動の計画や参加・協力を検討する学習内容が求められる。また，安全教育の視点と社会参画を促進する視点は，ここで論じた「地域の安全を守る働き」だけではなく，第4学年に登場する「自然災害から人々を守る活動」に関する学習内容にも共通しているため，人的災害と自然災害という角度から，第3学年と第4学年の学習内容の棲み分けも必要であろう。

5．生産や販売の仕事と安全を守る働きに関する教材の学年的な位置付け

　生産や販売の仕事と安全を守る働きに関する教材研究は「小学校第3学年の社会科」という全体枠に位置付ける必要がある。第3学年は身近な地域社会を子どもに認識させる学年であり，子どもが初めて社会科と出会う学年でもある。こうした学年の配列によって，第3学年の教材研究では，「学習意欲」と「探究過程」の担保という共通な視点が求められる。

　学習意欲の担保は教材研究におけるごく一般的な視点であるが，第3学年は子どもが社会科に対する最初のイメージを形成する時期であるため，第3学年及びそれ以降の社会科学習をスムーズに継続できるように，社会科学習の開始時から子どもの学習意欲を維持することが，より重要な視点になる。

　最終的に地域社会に対する全体的かつ一般的な認識を形成させるために，子どもの探究過程を局部的なテーマや教材間の枠を越えて担保する視点が重要である。一学年にわたって子どもの探究過程を担保するために，生産や販売の仕事と安全を守る働きに関する教材と，同学年に配置された「市区町村の様子」「市の様子の移り変わり」といったテーマや教材とのつながりを意識することが求められる。小学校社会科のもっている総合・統合的な性格からも，このようなテーマや教材間の連携が求められるわけである。

（呂　光暁）

Q3 都道府県の様子と県内の特色ある地域の様子の教材研究の視点について述べなさい

1. 自分たちの県の地理的環境の概要〜どんな地図を使うか〜

　都道府県の様子については，自分たちの県の位置や地形，産業や交通，主な都市の位置などをもとに理解するとともに，地図帳や各種の資料で白地図などにまとめる技能などを身につけることを目指している。

　例えば自分たちの県の位置をどのように捉えることができるのか課題を設定した場合，県の地図を教材として用いて自分がいる場所の県内における位置関係を捉えさせるという指導過程が想定される。この場合，教材として使用される地図にはどのような性質が求められるだろうか。教科用図書である地図帳の活用は第一に想定される。全員に配本される地図帳であれば学習者が個別に確認できるなど利便性は高い。しかし，学習者がそれぞれ着想した位置関係の表し方を共有するためには学習者と教師で共有できる地図も必要になるであろう。ほかにも，地図帳に収録される地図についていえば，図郭の切り取り方によって，自分たちの県の他都道府県との関連を捉える際に不都合が生じることがある。例えば隣接の他都道府県の形が図郭の切り取り方によって欠けてしまうような場合である。隣接する県の大きさや地形に着目して，その比較から自分たちの県の地理的環境を見出していく見方も想定するならば教師が独自に図郭を設定した地図（集成図など）の利用も検討しなければならない。また，ICT利用により上掲の問題は解消できる点も多く，教材研究時には留意したい。

　地図は特色ある地域の位置や自然環境，人々の活動や産業の歴史的背景，人々の協力関係などを調べるための資料としての位置づけもある。地図には2万5千分の1地形図に代表される基本図のほかに，利用目的や用途に合わせて作られる主題図がある。前出の集成図や防災対策等で作成される土地条件図などが例として挙げられる。

　例えば自分たちの県内の特色として「地域の資源を保護・活用している地域」を捉えさせたいときに地図を資料として活用するならば，「渓谷や森林，高原や湿原，河川や海辺などの豊かな自然を保護する地域」をまとめた主題図（植生図など）の教材利用が想定される。その他，歴史的建造物や町並みなどを保護し観光活用している地域であるならば，他地域からの人々を案内する目的で作られた地図（観光レジャー案内図，鳥瞰図やイラストマップなど）を教材として利用することも考えられる。

2．県内の特色ある地域の様子を捉える

（1）対象と範囲を内容の取扱いを手掛かりに研究する

　学習指導要領では県内の特色ある地域を取り上げる際の対象の範囲と地域を選択する際の配慮事項として①伝統的な技術を生かした地場産業が盛んな地域，②国際交流に取り組んでいる地域，③地域の資源を保護・活用している地域を挙げている。そのうち③については地域の資源を自然環境あるいは伝統的文化としていることが想定されるのでそのいずれかを選択することになっている。教材研究の視点としては，上記範囲より３つ程度を目安に研究を進めていきたい。その際，学習者にとって親和性が高い教材，学習者の主体的な探究が期待できる教材，家庭・地域社会の願いと結びつく教材など，学習の時期や追究課題の重要度に応じた教材構成面での工夫も加えたい。また，「国際交流に取り組んでいる地域」については国際交流に取り組む地域の姿とともに，交流相手となっている外国（の都市）の名称，位置，国旗のほか，交流に至った歴史的背景に着目して調べさせたい。その際，国旗を尊重する態度の育成についても留意する必要がある。

（2）持続可能な開発（SD）教材としての位置づけを考慮する

　SD教材としての構成を目指す観点からは，「多様性」「相互性」「有限性」などSDを構成する概念と県内の特色ある地域の様子の学びの関係性を整理していくことが肝要である。その際の手掛かりとなるのが，17の持続可能な開発目標（SDGs）としてまとめられた「我々の世界を変革する：持続可能な開発のための2030アジェンダ」である。

例えば「伝統的な技術を生かした地場産業が盛んな地域」を取り上げる場合，古くから伝わっている技術や技法を受け継いで行われている伝統的な工業や，古くから地域の特性を生かして独自の製品を作っている産業など地域に密着した地場産業を取り上げることになるが，SDGsでは目標12「つくる責任つかう責任」につながる実践と関連付けることができる。地域の特性を生かして作り続けられた製品やそれを支える生産技術や生活様式の文化は，エコロジカル・フットプリント（人間活動の環境負荷の指標）の削減の成果を具現化した事例として捉えることができるからである。

　他にも「地方創生」「強靭なまちづくり」「循環共生型社会」といった我が国で政策理念として提起された地域社会の形成理念と県内の特色ある地域との関わりについても考慮しておくことも重要である。

　SDは学習指導要領の根底を支える理念の一つであり，社会科の学習で育む見方考え方は当然その理念を体現するものでなければならない。教材は学習者の探究の視点に奥行きを与える構成を目指したい。

3．地域社会の一員としての自覚を養う

　都道府県の様子や県内の特色ある地域の学習を通して，地域社会に対する誇りと愛情，地域社会の一員としての自覚を養うことが目指される。地域に根付く伝統や文化の保護・継承の新たな担い手として社会参加する意識など，教材に対する学習者の切実性を喚起するための切り口を見出すことも教材研究には求められる。

参考文献

国土地理院 https://maps.gsi.go.jp/「地理院地図（電子国土 Web）」2020年4月30日閲覧.

外務省国際協力局地球規模課題総括課 https://www.mofa.go.jp/mofaj/gaiko/oda/sdgs/pdf/2001sdgs_gaiyou.pdf 「持続可能な開発目標（SDGs）達成に向けて日本が果たす役割」2020年4月30日閲覧.

（小野智一）

Q4　健康や生活環境を支える事業の教材研究の視点について述べなさい

1．健康や生活環境を支える事業とは

　人々の健康や生活環境を支える事業とは，飲料水，電気，ガス供給をする事業と廃棄物を処理する事業を指している。これらの内容は，学習指導要領社会科編（平成29年告示版）では，小学校4年生の内容（2）に対応する。学習にあたっては，健康を支える事業と生活環境を支える事業の二つの内容を学習する。

2．健康や生活環境を支える事業の教材研究の視点

（1）教材選択の視点

①人々の健康を支える事業

　人々の健康を支える事業は，飲料水，電気，ガス供給の3つの事業の中から一つを選択し，学習対象とする。

　人々の健康を支える事業を学ぶ目的は，「供給の仕組みや経路，県内外の人々の協力などに着目して，飲料水，電気，ガスの供給のための事業の様子を捉え，それらの事業が果たす役割を考え，安全で安定的に供給できるよう進められていることや，地域の健康な生活の維持と向上に役立っていることを理解すること」である。

　目的が達成されれば，上記の3つのどの事業を取り上げてもよい。

　どの事業を学習の対象に選ぶか判断する際には，教材選択の視点が必要になる。教材とは，教師の教えたい内容と児童の学びたいことをつなぐものである。学習対象をどの事業とするかの選択は，教師に委ねられているが，教師自身の好みのみで選択することは許されない。教材選択の視点として児童の実態や地域の実態を考慮する必要がある。

　児童の実態の視点で考えれば，飲料水，電気，ガスどれも我々の生活に必

要なものであるが，それらの中からより，児童にとって身近であり，児童が
学びたいと願い，学習のねらいに達成しやすい教材を選ぶ必要がある。

　地域の実態の視点においては，児童が暮らす地域で一番必要とされている
事業や地域の方々が多く携わっている事業があるのであれば，それを教材と
して選択することが考えられる。地域社会の様子を理解することにもつなが
る。例えば，発電所のある地域や浄水場のある地域，ガス会社やガス貯蔵施
設がある地域では，それらを扱うとよい。

　教科書会社の教材例を見ると，飲料水を扱っている場合が多い。飲料水
は，飲料以外にも，掃除や水泳など児童の生活の多くの場面で使われてい
る。飲料水は，飲めるし，直接触ることができる。また，手で触れたり，匂
いをかいだり，目で見たり，味わったりして，飲料水を確認することができ
る。一方，電気やガスは目に見えないし触ることができない。電気もガスも
管理を誤ると命に係わる危険な状況になることもある。そこで，多くの学校
では飲料水を扱っている。

②生活環境を支える事業

　生活環境を支える事業では，ごみ，下水のいずれか一つを選択する。

　生活環境を支える事業を学ぶ目的は，「処理の仕組みや再利用，県内外の人々
の協力などに着目して，廃棄物の処理の事業の様子を捉え，その事業が果たす
役割を考え，衛生的な処理や資源の有効利用ができるよう進められていること
や，生活環境の維持と向上に役立っていることを理解すること」である。

　どの事業を学習の対象に選ぶか判断する際には，教材選択の視点が必要に
なる。飲料水と同様，児童の実態，地域の実態などを考慮し，児童が学習の
ねらいを達成しやすい教材を選ぶ必要がある。

　実際には，下水は児童が直接触れたり，量を確認したりすることが難しい
ため，多くの学校ではごみを扱っているところが多い。教科書もごみの学習
に紙面を多く割いている。また，下水よりはごみを学習する学校が多い。

（2）問題解決的な学び方の視点

　子どもの疑問から問題意識を持たせ，学習問題をつくる。問題解決の流れ
を想定して，調査活動や問題解決の過程を想定していくことが教材研究の視

点の一つである問題解決的な学び方の視点である。

　この単元では，学習問題の解決の後，子どもが気づいた課題に対して，自分たちでできることを考えさせ，行動させることが求められている。

　子どもが「選択・判断」する学習である。人々の健康を支える事業の学習においては，節水や節電など自分たちにできることを考えたり選択・判断したりできるよう配慮する必要がある。また，生活環境を支える事業の学習においては，ごみの減量や水を汚さない工夫など，自分たちにできることを考えたり選択・判断したりできるよう配慮する必要がある。

　例えば，自分たちにできることとして，ごみの減量に協力したり，ごみを資源として活用したりする活動を想定しておくことが必要になる。

（3）子どもの調査活動の視点

　単元全体の子どもの問題解決の過程を想定したら，活動内容を具体化する。ごみを扱う学習であれば，自分たちが排出するごみの量を調べる調査活動や，学校や家庭近くにあるごみ集積所の見学，排出したごみがどのように処理されるのか調べる清掃工場の見学など，子どもが活動的に問題解決に取り組む計画を想定しておきたい。児童の調査活動を具体的に考えておくことも教材研究の一つである。そのために，教師は自治体ごとに示される統計資料をもとにごみの排出量の変化を調べたり，地区のごみの出し方，分別の仕方を確認したりすることが大切になる。さらに，見学可能なごみ集積所や清掃工場を探し，見学の予約や見学の日程の段取りなど進めることも必要になる。子どもに楽しい問題解決的な活動を用意することを忘れてはならない。

参考文献

柳沼良太・梅澤真一・山田誠編（2018）『「現代的な課題」に取り組む道徳授業－価値判断力・意思決定力を育成する社会科とのコラボレーション』図書文化.

梅澤真一（2017）「ごみはどのように集めて回収すべきか－ごみ集積所から公正について考える」『教育研究』4月号No1382.

（梅澤真一）

Q5 伝統や文化，先人の働きの教材研究の視点について述べなさい

　小学校社会科のねらいは，「身近な地域や市や県についての理解を深め，地域社会に対する誇りと愛情を養うとともに，我が国の国土と歴史に対する理解を深めて，それらに対する愛情を養うこと」と2017（平成29）年改訂学習指導要領に示されている。このねらいの達成に，伝統や文化，先人の働きの学習が果たす役割は大きい。

　しかし，地域社会に対する誇りと愛情を養うねらいばかりに目がいくと，「伝統は受け継いでいくべき」や「先人は立派な人物であった」と，価値を注入する授業になってしまうこともある。そうならないために，伝統や文化，先人の働きの教材研究はどうあるべきか。以下，教材研究の視点を示す。

1．教材研究しておくべき事柄

（1）伝統や文化の教材研究
　教材研究しておくべき主な事柄は，伝統や文化の歴史的背景，現在に至る経過，保存や伝承のための取組である。これらの教材研究を通して，地域の伝統や文化の様子，伝統や文化に対しての人々の願いや努力を捉えておく。さらに，文化財や年中行事と地域の人々とのかかわりを理解しておく。

（2）先人の働きの教材研究
　教材研究しておくべき主な事柄は，当時の世の中の課題や，当時の人々の願いである。これらの教材研究を通して，先人の働きの具体的事例から，先人の働きの意図を捉えておく。さらに，先人の様々な苦心や努力により，当時の生活がどのように向上したのか，具体的事例をもって理解しておく。

2．教材研究の視点

　教材研究の視点は，次の（1）〜（3）の三つに留意する。

（1）「読む」教材研究

歴史的背景や現在に至る経過，保存や伝承のための取組，当時の世の中の課題や当時の人々の願いについて，文献資料を「読む」ことを意味する。文献資料とは，市町村史（図書館に必ずある）や，地域の歴史民俗資料館の資料や論文等である。この文献資料から当時の経済状況や，条例，人々の様子などがわかるものがあったら，積極的に教材化を試みたい。伝統や文化，先人の働きの学習が，価値を注入する授業にならないようにするには，当時の客観的な資料を教材化できるかどうかにかかっている。

（2）「みる」教材研究

伝統や文化の様子，先人の働きの具体的事例を捉えるため，実際に地域に出かけて，「みる」ことが大切である。伝統や文化を実際に自分の目で見たことがなければ，実感を伴った授業づくりができない。また先人の働きの具体的事例は，治水のための堤防や用水などのように，地域に功績として残っている場合もある。これらを事前に「みる」ことによって，校外学習において，子どもたちへ何を意図的に見させるのか計画することもできる。なお，「みる」と平仮名表記にしたのは，場合によっては陶芸をして「みる」，筆づくり体験をして「みる」といった体験も含んでいるためである。実際に体験することにより，さらに実感を伴った授業づくりができる。

（3）「聴く」教材研究

伝統や文化を受け継いでいる人々，歴史民俗資料館の学芸員，地域の古老，先人にかかわりをもった子孫などに，「聴く」ことは教材研究として欠かせない。「聴く」教材研究では，特に人々の思いや願いを捉えたい。思いや願いは，子どもたちには見えにくい。実際に「聴く」ことによって，見えにくい思いや願いを教材化することができる。誰かに「聴く」際，名刺があると便利である。「聴く」ためには，自分の名刺を作成しておきたい。

価値を注入するのではなく，資料に基づいて思考，判断できる授業構成が，この単元でも大切である。そのためには，この「読む」「みる」「聴く」の三つの視点を意識して教材研究をし，客観的理解と共感的理解をバランスよく取り入れていきたい。つまり，できるだけ先人への感情を抑えた理解と，先人の立場に立った理解の両面を取り入れた授業構成をしていく。

3．教材研究による授業事例

　先人の働きの教材研究の実際を示す。先人として，因島（広島県尾道市）で八朔栽培を普及させた田中清兵衛を取り上げた。

（1）「読む」教材研究

　まず，図書館で『因島市史』（因島市史編集委員会，1968年）を検索し，田中清兵衛に関する頁を複写した。同時に，歴史民俗資料館の学芸員や地域の古本屋に「田中清兵衛」「因島の八朔」で文献資料を探してもらうよう依頼した。また，八朔とはどんな果物なのかについて理解するため，柑橘類や柑橘類の育て方に関する資料も収集した。これらの文献や資料等を読み込み，田中清兵衛の人物像と，当時の因島の様子，八朔の特徴について捉えていった。

（2）「みる」教材研究

　実際に因島へ出かけ，八朔の栽培の様子を観察した。八朔が温暖な気候で育つことを実感することができた。現在も因島の名産品となっていることを，栽培の様子，まちの看板，物産店などから考察できた。また，八朔を収穫したり，他の柑橘類と食べ比べたりして，八朔の大きさや皮の厚さ，他の柑橘類との味の違いについても捉えていった。

（3）「聴く」教材研究

　因島観光協会やＪＡ尾道市に取材を行った。また，田中清兵衛の孫にあたる方にも取材を行った。田中清兵衛は，当時，みかんのほうが高級品であったにもかかわらず，因島に八朔栽培を普及させようとした。利益を上げることとは矛盾している行為である。取材を通して，田中清兵衛の意図の背景には，八朔を因島の名物にする，みかんでは和歌山や愛媛に勝てないといった状況把握があったことが明らかになってきた。この田中清兵衛の意図を客観的にも，共感的にも理解していく授業構成を考えて，授業を実践した。

参考文献

澤井陽介（2018）『小学校新学習指導要領社会の授業づくり』明治図書.

　　　　　　　　　　　　　　　　　　　　　　　　　　（服部　太）

Q6　国土の様子と国土の自然環境と国民生活の関わりの教材研究の視点について述べなさい

1．国土の様子と自然環境と国民生活の関わり

　国土の様子の学習においては，世界における我が国の国土の位置や，海洋に囲まれた多数の島からなる国土の構成，領土の範囲などを大まかに理解することを内容とする。

　自然環境と国民生活の関りについては，地形や気候などに着目して国土の自然環境の様子や自然条件から見て特色ある地域の人々の生活を捉え，人々は自然環境に適応して生活していることを理解することを内容とする。

　これらの内容は，学習指導要領社会科編（平成29年告示版）では，小学校5年生の内容（1）に対応する。

2．国土の様子と自然環境と国民生活の関わりの教材研究の視点

（1）教材選択の視点

①国土の様子

　国土の様子では，地球全体全体の様子，大陸や大洋の位置名称，日本の国土の構成や領土の範囲，隣接する国々など位置関係を学ぶ。我が国の地理的環境の理解が確かなものになるよう，最新の地図や地球儀を利用し，児童の地図や地球儀の活用能力を高めるよう留意する必要がある。

②自然環境と国民生活の関わり

　自然条件から見て特色ある地域を選び，そこで暮らす人々は，自然条件にうまく適応して生活していることを捉え，国土の自然環境の特色や国民生活の関連を考えることが求められている。ここでいう，自然条件とは，地形条件や気候条件を指している。

　地形条件では山地や低地，気候条件では温暖多雨や寒冷多雪など特色ある地域の中から一つずつ選び学習するようにする。配慮すべき点として，自分

たちの住んでいる地域の自然条件と異なる地域を選択する必要がある。

　また，同じ自然条件から一つの事例しか扱うことができないことにも注意したい。例えば地形条件から見た場合，山地と低地の両方を学習することができない。また，気候条件から見た場合，温暖多雨地域と寒冷多雪地域が考えられるが，その両方の地域を学習することはできない。つまり，地形条件から見て特色ある地域の事例一つと気候条件から見て特色のある地域の事例一つの合計２つの事例しか学習できないことに留意する必要がある。

　扱う事例が２つと限られているので，自然環境と国民生活の関わりを深く理解するために，自然環境に適応している人々の生活の姿が児童にとって具体的にわかりやすい地域を選択する視点を大切にしたい。

　地形条件や気候条件をうまく適応，活用している人々を探し出し，その人々の姿が児童にとって具体的にわかる地域事例を教材化したい。

　教科書では，温暖多雨な地域として沖縄県，寒冷地域として北海道，多雪地域として新潟県，山地高原の例として長野県，低地として岐阜県，など多くの地域が掲載されている。自分たちの暮らす地域との違いが明確になる，比較しやすい地域教材を選択するとよい。

（２）問題解決的な学び方の視点

　国土の様子については，地球儀や地図を活用して，方位，緯度や経度などによる位置の表し方をもとに正確に位置や形を理解する必要がある。また，主な国については名称や国旗も正確に扱うようにしたい。

　地球儀には，「地勢」タイプと「行政」タイプの２種類がある。地図においても，平面上に距離・面積・方位・角度などを全て正確に表すことができないことから，目的に応じて地図を選択する必要がある。また，縮尺の違いも理解のしやすさに大きく影響する。児童と国土の様子を学ぶ際には，地球儀や地図の選択に配慮する必要がある。

　自然環境と国民生活の関わりの学習においては，地域の人々の生活の様子を具体的にとらえる必要がある。自然条件から見て特色のある地域に暮らす人々の生きざまを示し，苦労や工夫を具体的にとらえさせたい。そのために学習する子どもに人々の生き様が理解できるよう，具体的な人物を示すこと

が大切になる。沖縄で花卉栽培を営む山本さん，長野県川上村で高原野菜作りに励む鈴木さんのような人物を教材化する必要がある。そのことで，自然条件にうまく適応している人々の生き方を共感的に理解することが可能になり，児童自身の生きたかをも考える学習となることも期待ができる。

（3）子どもの調査活動の視点

　自然環境と国民生活の関わりを学習する際には，自分たちの暮らす地域と自然条件が大きく異なる地域を学習することになる。そのため，現地を訪れ見学・調査をすることができないことが多い。

　地形条件を知るための等高線が示された地図，気候条件を知るための雨温図，産業の様子を示す統計図表など，多くの資料の活用が求められる。児童の資料活用能力の実態に合わせた調査活動を計画する必要がある。

　自然条件から見て特色ある地域で生活している人々の姿を具体的に示すために，働く人の写真やその人の気持ちや考えを示したインタビューや手紙などを用意することで，児童は，そこで働く人々の気持ちや生き方に共感的に理解できるようになる。その資料も用意しておくとよい。

　ただ，一方で，日本全体の統計的な資料を用意し，自然条件を生かした産業が日本国内において，どのような位置づけになっているのか，産業全体の様子を理解することも必要である。例えば，高原の川上村レタスの生産量や出荷時期，平地におけるレタスの生産量や出荷時期などのデーターを用意しておくことで，高冷地における栽培が生産高を押し上げている理由など考えさせることで，今後学習する農業生産にも学習が発展することが期待できる。日本全体のレタス生産との関わりの視点でとらえることが大切になる。

　特色ある地域を考える際には，「比較」が大切になる。他地域と比較することで，その地域の特色が理解できる。児童が暮らす地域を基準に「比較」することで他地域の様子の理解を具体的にイメージできる。

参考文献

梅澤真一（2019）『梅澤真一の「深い学び」をつくる社会科授業５年』東洋館出版社.

（梅澤真一）

Q7 産業学習の教材研究の視点について述べなさい

1. 産業の様子や消費者の需要が把握できる資料の収集

　産業学習は，第3学年では働く人と私たちのくらし，第5学年では農水産業や工業・情報産業を事例として学習する。具体的には第3学年では市内の農家や工場を事例として学習し，第5学年では米づくりや水産業，自動車生産やマスメディアを事例として学習する。

　まず，教材研究では原材料の仕入れ（輸入）から生産，流通や販売までの一連の過程について調べたい。原材料をどこから仕入れ，どのように生産を行い，生産物や製品がどこに輸送（輸出）され，消費や販売されているのかについて，日本各地や世界各国とのつながりを意識しながら調べたい。なぜなら，これらの各地とのつながりについて，実際の授業では地図帳を活用しながらその位置や流通・交通網について白地図に書き込んでいく学習を展開するからである。

　次に，児童・生徒の興味や関心が高まる教材を準備するために，実際に教師が見学したり生産者へのインタビューを行ったりしながら，生産物や工業製品，写真やパンフレットなどの具体物を入手してきたい。実物を見たり触れたりする学習や実際に訪問する見学の学習では，児童・生徒の主体的な学びが展開される。ここでのインタビューでは，生産における工夫や努力・困難さや課題点などを伺ってきたい。さらに，製品や生産物の価格と費用の関係や消費者の多様な需要（ニーズ）まで調べておくと，深い学びにつながる。なぜなら，産業活動は社会や消費者の需要を的確に把握し，適応させることで売り上げを伸ばしているからである。

2. 産業が発展する地理的条件と歴史的条件

　当該地で産業が発展する地理的条件を調べたい。例えば，産業に適した温暖な気候や降水量などの気象条件，土地（広大で平坦，肥沃な土壌など）や

164

豊富な水資源などの地形条件である。また，原材料が入手しやすい立地条件や流通・販売に適している交通網についても調べたい。

　さらに，産業がその地で創出され栄えた理由は歴史とも関連がある。時代ごとに変化してきた社会状況や需要とその地で産業が発展した理由とを関連付けて調べたり，その地で最初に創業しようとした人物について調査したりすると，より深い学びにつなげることができる。このような情報は，県や市の歴史資料館の学芸員や市役所の産業振興課から入手することができる。

3．産業が抱える課題と克服への営み

（1）生産者が工夫や努力を行う理由

　産業学習の問題点は，生産や流通・販売の様子を理解することに留まりがちとなることである。そこで，小単元後半には産業が抱える諸課題を取り上げたい。例えば，産業従事者の高齢化や後継者不足，安価な外国製品の台頭，消費量や売り上げの減少などである。これらの産業が抱える諸課題を克服するために，生産者は工夫や努力を行っている。例えば，新商品を開発して競合他社や他地域と差別化を図る工夫や消費者ニーズに適応することで売り上げを伸ばす努力，高価な製品づくりだけではない廉価版（製品普及の目的のために低価格化した商品）生産などである。生産者が工夫や努力をする背後にある理由までを教材研究では調べたい。そして，該当する産業の出来事と社会の様子を表した2枚の年表を作成しておき，それらを比較する学習を通じて，生産者が工夫や努力をする背後にある理由に気付かせていきたい。そうでないと，道徳科の困難に立ち向かい頑張った不撓不屈の授業になってしまう。

（2）ブランド化などの付加価値

　近年，大量生産された安価な外国製品の台頭により日本の製造業は大打撃を受けている。同様に農水産物も外国産との激しい価格競争を強いられている。そこで，各種国内産業は安価な外国製品に価格面で対抗するだけではなく，高い技術力をもとにしたオーダーメイド生産や少量多品種生産，ご当地の地域ブランドなどの付加価値をつける工夫や努力を行っている。産業が抱

える課題とそれらを克服するための取組を調べたい。実際の授業では，日本の企業における海外生産のメリットとデメリットについて，外国産と国内生産物との違いについて，取組を行う前後の売り上げなどを比較・分類・整理する学習を展開していく。教材研究では，それらの資料の収集やインタビューを行っておきたい。

（3）持続可能な産業への取組

各種国内産業においては利益至上主義ではない，持続可能な産業の維持や発展，社会的貢献への取組や活動が始まっている。例えば，ICTを活用した効率的な生産や販売，環境に配慮した生産方法やユニバーサルデザイン，若手後継者の育成やまちづくりにおける行政との協働などの取組である。このような利益追求以外の取組を行う理由を産業の持続的な発展と関連づけて調べておきたい。

（4）消費者としての関わり方

産業が抱える諸課題に対して，児童・生徒が就業して課題を克服することをめざすのは現実的ではない。そこで消費行動を通じて，消費者としてどのような協力や参加ができるのかを調べておきたい。例えば，学習をきっかけにして活動や想いを知った児童・生徒が，将来的に製品を購入することで生産者を応援できることがある。もちろん価格の安さという価値を優先して外国産を購入する自由もあるが，国内で生産することの付加価値までを理解したうえで商品を選択・判断できる消費者の育成をめざしたい。このような学習は社会参加・参画意識の芽生えにもつながっていく。

参考文献

木村博一（2002）「学校社会科の学力像と産業学習の変革：『自己実現』をキーワードとした単元開発」『社会科研究』第57号，pp.11-20.

（神野幸隆）

Q8　政治学習の教材研究の視点について述べなさい

1．子どもが主体的に取り組む政治学習をつくる

　政治学習は，面白くないという子どもが多い。それは，政治学習が概念的・抽象的になったり，細かい用語や仕組み，数値などを覚えるだけの学習になったりしてしまうからである。しかし，子どもがこのまま政治学習に対して苦手意識をもったまま大人になることがないようにしたい。そのためには，何よりも子ども一人ひとりが身近な社会や政治に主体的に関わっていく意欲や態度を育てることを大切にしたい。

　例えば，子どもの興味・関心を引き出すために具体的な事例を取り上げる。そして，子どもが社会的な見方・考え方を働かせながら，自ら問いをもって調べるようにする。さらに，調べた情報に基づいて政治への関わり方について多角的に考え，自分の考えをまとめていく。このように子どもが主体的に取り組む教材をつくるようにしたい。

2．政治の学習では何を取り上げるとよいか

（1）日本の政治の働き

６年生で学ぶ政治の働きは，次の２つの内容から構成されている。

①日本国憲法の下で，立法，行政，司法の三権がそれぞれ役割を果たしていること。

②国や地方公共団体の政治が民主政治の考え方に基づいて，国民生活の安定と向上を図るために果たしていること

　①は，学習指導要領の内容アのア・ウとイのアを関連付けて教材化することになる。日本国憲法は 国家や国民生活の基本を定めていることや，現在の日本の民主政治は日本国憲法の基本的な考え方に基づいていることや，立法，行政，司法の三権がそれぞれの役割を果たしていることを理解することになる。

②は，内容アのイ及びウとイのイを関連付けて指導することになる。国や地方公共団体の政治は国民主権の考え方の下で，国民生活の安定と向上を図る大切な働きをしていることを学ぶようにしたい。

（2）日本国憲法

日本国憲法は国家の理想，天皇の地位，国民としての権利及び義務など国家や国民生活の基本を定めている。日本国憲法の特色をとらえる場合，次のようなことに気をつけたい。

・基本的人権は侵すことのできない権利として保障されていること

・主権は国民にあること

・我が国が国際紛争を解決する手段としての戦争を永久に放棄すること

・天皇は日本国の象徴，日本国民統合の象徴とされていること

・生命，自由及び幸福の追求に対する国民の権利は侵すことのできない永久の権利として国民に保障されていること

・参政権は国民主権の表れであり，民主政治にとって重要であること

・勤労や納税の義務を果たすなどの権利や義務が定められていること

現在の日本の民主政治は日本国憲法の基本理念である国民主権の考え方と深く関わっていること，そのことは私たちの日常生活とも関連があることなどをもとにして日本国憲法と国民生活との関連について理解できるようにすることが大切である。

（3）国や地方公共団体の政治

国や地方公共団体の政治は，国民主権の考え方の下，国民生活の安定と向上を図る大切な働きをしている。つまり，国や地方公共団体の政治は国民生活と密接な関係をもっている。また，それらの政治は国民主権の考え方を基本として，国民の願いを実現し国民生活の安定と向上を図るために大切な働きをしていることをとらえさせる。

3．教材をつくるときのヒント

学習指導要領解説では，取り上げる事項と配慮事項を次のように述べている。これは，教材をつくる上でとらえておきたいポイントでもある。

（1）議会政治や選挙の意味，三権相互の関連，裁判員制度や租税の役割

これらの内容は，調べて得た情報について，政治の関わり方として，子ども一人ひとりが多角的に考えて，自分の考えをまとめることができるようにする。例えば，選挙，税金，裁判員制度などを取り上げ，様々な立場から多角的に考え，義務や責任などと関連付けて自分の考えをまとめるようにする。

（2）天皇の地位

歴史学習との関連も図りながら，天皇についての理解と敬愛の念を深めるようにしたい。例えば，国会の召集，栄典の授与，外国の大使等の接受などの国事行為や，国会開会式への出席，全国植樹祭・国民体育大会への出席や被災地への訪問・励ましといった各地への訪問などを通して，象徴としての天皇と国民との関係を取り上げ，天皇が日本国の象徴であり日本国民統合の象徴であることを理解できるようにする。

（3）国民としての権利及び義務

参政権，納税の義務などを取り上げることが考えられる。参政権については，選挙権を取り上げ，政治に参加する権利が国民に保障されていることを理解できるようにする。また，国民の義務については，納税の義務を取り上げ，税金が国民生活の向上と安定に使われていることを理解できるようにしたい。

（4）国や地方公共団体の政治

社会保障，自然災害からの復旧や復興，地域の開発や活性化などの取組の中から選択して取り上げるようにする。これらの取組を調べることを通して，国民生活における政治の働きを考えるようにする。これらの取組を調べることを通してその際，税金が国や地方公共団体による対策や事業に使われ，国民生活の向上と安定のために重要な役割を果たしていることを理解できるようにする必要がある。

参考文献

文部科学省（2018）『小学校学習指導要領（平成29年告示）解説社会編』日本文教出版.

（山下真一）

Q9 歴史学習の教材研究の視点について述べなさい

1. 小学校らしい歴史学習をつくる

(1) 小学校で学ぶ歴史とは

　小学校の歴史学習は，中学校の歴史学習と異なり，人物の働きや代表的な文化遺産を中心として学習を展開する。それは，歴史上の主な出来事や年号などを覚えることよりも，子どもが日本の歴史に対する興味・関心を持つこと，歴史を学ぶ楽しさを味わうことが大切だからである。また，子ども一人ひとりが歴史を学ぶことの大切さに気付くようにしたいからである。

(2) 人物の働きを中心とした歴史学習

　人物の働きとは，「その人物は何をしたか」「なぜしたのか」「社会や人々にどのような影響を与えたか」など，国家・社会の発展や優れた文化遺産を生み出すことに貢献した先人の働きのことである。学習指導要領の内容の取扱いには，歴史上の主な事象との関連を考慮して取り上げる人物を42人例示している。教材研究では，これらの人物の働きを通して学ぶように授業を計画したい。

2. 教材づくりのポイント

(1) どのような歴史的事象を取り上げるとよいか

　日本が歩んできた大まかな歴史を理解するためには，歴史の進展に大きな影響を与えた代表的な歴史上の事象を取り上げることが大切である。次のように，学習指導要領の内容ア〜サに代表的な歴史上の事象が示されている。

　　ア　狩猟・採集や農耕の生活，古墳，大和朝廷による統一の様子

　　イ　大陸文化の摂取，大化の改新，大仏造営の様子

　　ウ　貴族の生活や文化

　　エ　源平の戦い，鎌倉幕府の始まり，元との戦い

　　オ　京都の室町に幕府が置かれた頃の代表的な建造物や絵画

　カ　キリスト教の伝来，織田・豊臣の天下統一

　キ　江戸幕府の始まり，参勤交代や鎖国などの幕府の政策，身分制

　ク　歌舞伎や浮世絵，国学や蘭学

　ケ　黒船の来航，廃藩置県や四民平等などの改革，文明開化

　コ　大日本帝国憲法の発布，日清・日露の戦争，条約改正，科学の発展

　サ　日中戦争や我が国に関わる第二次世界大戦，日本国憲法の制定，

　　　オリンピック・パラリンピックの開催

　これらの歴史的事象については，子どもの興味・関心や発達の段階を考慮して取り上げる人物や文化遺産の重点の置き方に工夫を加えるなど，教材を精選して具体的に理解できるようにしたい。

　例えば，重点的に扱う歴史的事象やそれに対応する人物については，資料の数や扱う授業時間数に軽重を付け，指導の重点の置き方に工夫をすることが考えられる。

（2）歴史上の人物を選ぶポイント

　次に示されている42人の人物は，人物の働きを中心とした学習を進める上で，内容の（2）のアからコに示した歴史上の主な事象との関連を考慮して，取り上げる人物を例示したものである。この10項目に示した歴史的事象に関連して，国家及び社会の発展に大きな働きをした代表的な人物を，政治，文化などの分野から取り上げている。

卑弥呼，聖徳太子，小野妹子，中大兄皇子，中臣鎌足，聖武天皇，行基，

鑑真，藤原道長，紫式部，清少納言，平清盛，源頼朝，源義経、北条時宗，

足利義満，足利義政，雪舟，ザビエル，織田信長，豊臣秀吉，徳川家康，

徳川家光，近松門左衛門，歌川広重，本居宣長，杉田玄白，伊能忠敬，

ペリー，勝海舟，西郷隆盛，大久保利通，木戸孝允，明治天皇，福沢諭吉，

大隈重信，板垣退助，伊藤博文，陸奥宗光，東郷平八郎，小村寿太郎，野口英世

　これらの人物は例示であるので，指導のねらいを実現できるのであれば，

例示した人物に代えて他の人物を取り上げることもできる。ただし，その場合には，学習指導要領解説（内容の取扱い（2）のア）に示された精選の趣旨を踏まえて取り上げるようにすることが大切である。

（3）文化遺産を取り上げるポイント

文化遺産を教材として取り上げる場合は，歴史上の主な事象と関連の深い国宝，重要文化財，世界文化遺産などの中から適切なものを取り上げ，我が国の代表的な文化遺産を通して学習が具体的に展開できるようにする。地域の実態を生かし，歴史上の主な事象に対する関心や理解を深める観点から，自分たちの住む県や市によって指定されている文化財などを取り上げることも考えられる。

（4）歴史学習全体から学ぶこと

日本が歩んできた大まかな歴史とは次のことである。

・日本は長い歴史をもち，その間，私たちの祖先は世界に誇ることができる日本固有の伝統や文化を育んできたこと
・大和朝廷による統一以降，政治の中心地や世の中の様子などに着目するといくつかの時期に区分できること
・遠い祖先の生活や，人々の工夫や努力が今日の自分たちの生活と深く関わっていること
・これからの国際社会での日本の在り方について考えるようにすること（自然災害からの復興，少子高齢化の問題，環境問題，日本人拉致問題，領土問題など国内外に残されている課題等）

参考文献

文部科学省（2018）『小学校学習指導要領（平成29年告示）解説社会編』日本文教出版.

（山下真一）

Q 10　国際理解学習の教材研究の視点について述べなさい

1．社会科における国際理解学習の位置

　グローバル化の進展を受けて，社会科における国際理解学習では，グローバル・シティズンシップの育成が期待されている。

　グローバル・シティズンシップとは，「国境を越えたより広いコミュニティに所属する感覚をもち，人々に共通の人間性を重視し，ローカルとグローバル，国家と国際との相互関連性を活用すること」である。グローバル・シティズンシップを意識し，公民的資質の育成を目指す社会科では，国際理解学習の果たす役割は大きい。

　社会科における国際理解学習は，次の二つに位置づいている。

　第一に，第 3 学年の内容（4）「市の様子の移り変わり」，第 4 学年の内容（5）「県内の特色ある地域の様子」，第 5 学年の内容（1）「我が国の国土の様子と国民生活」，第 6 学年の内容（2）「我が国の歴史上の主な事象」である。これらの内容では，グローバル化や国際化との関連を考慮する学習がなされる。

　第二に，第 6 学年の内容（3）「グローバル化する世界と日本の役割」である。この内容では，グローバル化する国際社会の学習がなされる。

2．国際理解学習における教材研究の特色

（1）国際理解学習の教材研究の対象

　国際理解学習の教材には，次の二つの特色がある。

　第一に，具体性だけでも抽象性だけでもない教材の選択である。

　第二に，学校と社会との連携による物的資源や人的資源の活用である。

　国際理解学習の教材として，「言語教材」「視覚教材」「聴覚教材」「視聴覚教材」「実物教材」「ICT 教材」「アウトリーチ教材」「シミュレーション教材」「すごろく教材」が挙げられる。

（2）国際理解学習の教材で子どもに培う力

国際理解学習における教材研究では，教材で子どもに培う力を想定する必要がある。ユネスコによれば，小学校段階で，国際理解学習の教材で子どもに培う力は，次の九つであると言われている。

①地域の環境がどのように組織されているか，それがより広い世界にどのように関連しているかを説明し，シティズンシップの考え方を紹介する。

②地域，国，世界の主要な問題を一覧にし，それらがどのように関連しているかを探究する。

③様々な情報の資料を示して，調査のための基本的な技能を身に付ける。

④私たちが周りの世界にどのように適合して相互作用するかを認識し，個人内と個人間の技能を開発する。

⑤様々な社会集団間の違いとつながりを説明する。

⑥同一性と相違性を区別し，誰もが権利と責任をもっていることを認識する。

⑦私たちが住む世界を改善するために行動を起こす可能な方法を探究する。

⑧私たちの選択と行動が他の人々と地球にどのように影響するかを話し合い，責任ある行動を取る。

⑨市民参加の重要性と利点を認識する。

3．国際理解学習における教材研究の方法

国際理解学習は，グローバル教育，開発教育，多文化教育，異文化間教育，持続可能な開発のための教育をはじめ多数の関連する教育論が存在する。国際理解学習は，ナショナル，グローバル，ローカルやインディビジュアルな視点から定義される。国際理解学習は，「国家や民族間の文化や社会に関する相互理解のための学習」「人類共通の課題による世界の理解のための学習」「様々な歴史や文化背景をもち，地域で交流し，暮らす人々の相互理解と共生のための学習」「多様な文化的背景をもった学習者一人ひとりの言語や非言語によるコミュニケーション・対話と学びのための学習」といった様々な側面をもつとされている。そのため，国際理解学習では，多面的・多角的な教材研究が求められている。

（1）国際理解学習の目標の教材研究

　国際理解学習の目標は，「文化的多様性」「相互依存性」「安全・平和・共生」「未来への選択」の知識理解，「コミュニケーション能力」「メディアリテラシー」「問題解決能力」の技能習得，「人間としての尊厳」「寛容・共感」「参加・協力」の態度形成とされている。国際理解学習の目標の教材研究では，「子ども中心の参加型で行動の重視」「ともに生きることを学ぶ価値観，態度，技能の形成」「国際的に平和と対峙し，平和を考え，創造できる子どもの育成」という観点が大切である。

（2）国際理解学習の内容領域の教材研究

　国際理解学習の内容領域は，「多文化社会」「グローバル社会」「地球的課題」「未来への選択」とされている。国際理解学習の内容領域の教材研究では，「あらゆる社会での多様性と包摂性」「様々な集団での個人のアイデンティティの重層性の認識」「人間の尊厳と平等の促進」「ジェンダー，文化，信条」という観点が大切である。

4．国際理解学習の教材研究の可能性

　2015（平成27）年に「持続可能な開発目標」を含む「持続可能な開発のための2030アジェンダ」が採択された。教育分野の持続可能な開発目標（SDGs4）は，「全ての人に包摂的かつ公正な質の高い教育を確保し，生涯学習の機会を促進する」ことである。適切で公平な国際理解学習の教材研究と教材開発によって，学習環境の公平性と包摂性の実現や，学習過程の質と妥当性の改善が可能となる。そのため，国際理解学習の教材研究は，「持続可能な開発目標」の達成に向けて，価値のある試みであると言える。

参考文献

IBE-UNESCO and APCEIU. (2018). Training Tools and Curriculum Development: A Resource Pack for Global Citizenship Education（GCED）.

日本国際理解教育学会編著（2015）『国際理解教育ハンドブック－グローバル・シティズンシップを育む』明石書店.

（磯山恭子）

第8章　社会科の教師の職能成長

Q1　社会科の授業研究のあり方について述べなさい

1．誰が，何のために授業研究をするのか？

　授業研究は，「研究」としてみるときの背後にある科学の捉えかたが大きく影響を与える。それをふまえながら，自分の立ち位置と目的を考えながら「どのような立場の私が，どのような目的のために授業研究をするのか」を考える必要がある。

2．授業研究における論理実証アプローチと社会文化的アプローチ

　上のような科学論の立場の違いをふまえて授業研究の目的と方法を整理したのが，下記の表である。

表8-1-1　授業研究における2つのアプローチ（出所　南浦, 2019, p.26）

	①論理実証アプローチ	②社会文化的アプローチ
認識論	科学主義	構成主義
研究の目的	一般的・普遍的な理論の構築	その場の状況の中で意味を持つ理論的な視点を探る
研究	実践モデルの開発 変革的モデルを示す 実態（普遍）の解明 ・一般的な傾向性 ・多数派に着目	状況の中で実践を生み出す 行為によって状況を変革する 実態（状況）の解明 ・ある状況下の個人や共同体 ・多数派だけでなく少数派も
視点	要素＝要素や傾向など，その場が持つ普遍的なものに着目する。	状況＝社会・歴史・制度・規範など，その場が持つ社会的磁場に着目する。
伝え方	転移できるように伝える 「誰にも通じるから，あなたも私もできる」	共感できるように伝える 「明日は我が身。だからあなたの言うことは私もわかる」
文章	転移可能に論理的に要素を示す	共感可能に物語的に場を描く
研究者の立ち位置	研究対象の外側 客観的 「筆者は〜」「発表者は〜」	研究対象の中に入り込む 主観的であることを厭わない 「私は〜」「私たちは〜」
質か量か	文献資料を証拠として 量的データをもとにして	文献資料をテクストとして 質的データをもとにして

　①論理実証アプローチと②社会文化的アプローチを左右に置いた。①はいわゆる自然科学的な研究であり，客観・静態・一般・結果指向を持つ。一方②は1980年代ごろから少しずつ人文社会科学系の世界に浸透してきた科学観であり，主観・動態・個別過程指向を持つ。従来的に「研究」と言われると，私たちの多くは①をイメージする。こうした研究では，「仮説」「検証」で作られることが多く，「誰にでも使える成果の発信」が重要となる。一方，②は実践を考え，実施し，反省的に振り返っていくことが重要となる。

3. 研究成果は,他者に転移させることなのか,共感させることなのか?

　研究は，他者に伝わることで成果となる。しかし，その伝え方は①と②によって異なっている。①は学会で多いし，②は教育研究会などで伝統的に多かった。しかしそれは「学会だから①」「研究会だから②」というヒエラルキーで理解してはならない。重要なのは，「伝え方」の意味の違いである。①は他者にいかに「転移」させるかが重要である。「誰にも通じるから，あなたも私もできる」という発想だからこそ一般化をめざす。しかしそもそも教室の中の繊細な人間関係，学校や地域の歴史的制度的文脈などを見れば，私たちの営為は「一般化」しにくいものである。一方で②は，「共感」が重要である。素直に制約のある中での実践を記すことで，「明日は我が身。だからあなたの言うことは私もわかる」という感覚で他者に伝える発想である。しかしそのための記述の方法は語りが中心となる。その点では②は学会レベルで検討するべきだろうし，①の洗練も重要だろう。私たちは「研究」を目的と方法の観点で理解しながら，研究の方法論的視野を広げながら，アプローチを選択していくことが求められる。

4. 論理実証的であるべきか, 社会文化的であるべきか?

　では私たちはどのように授業研究に迫っていき，どう選ぶべきだろうか。これは，研究の使い方によるだろう。
　従来から試みられてきた論理実証的な研究は，文脈を問わない。そのため，現場の実際とは関係なく，「よいもの」を生み出していく，現場の常識

を超えていく新しい提案をするときは，制約や文脈にとらわれない方がいいこともある。そうしたときには，論理実証的な研究は鋭く道を切り拓く。ひとはそこにインスピレーションを受けて自分の場に適用させていけばいい。

　一方，社会文化的な研究は，自分の取り組み，現場の実情，そうしたところから素直に語っていこうとするときに意味を持つ。単元レベルでなくても，社会科授業の中でときに表れる子どもの発言に対する対応の苦慮の問題，若手教師としての文脈での苦労，多様な子どもたちに対する指導のくふう──そうした日常性のある小さな，しかしながら教育的意義のある変化への試みを描き，共有するときに向いている。

　アプローチを使いこなす。そうした教師でありたい。

参考文献

細川英雄・三代純平編（2014）『実践研究は何をめざすか−日本語教育における実践研究の意味と可能性』ココ出版．

南浦涼介（2019）「第2章　協働・対話という視点によって，授業の何が見えるか？−論理実証アプローチと社会文化的アプローチ」梅津正美編著『協働・対話による社会科授業の創造−授業研究の意味と方法を問い直す』東信堂，pp.22-42.

箕浦康子編著（2009）『フィールドワークの技法と実際Ⅱ分析・解釈編』ミネルヴァ書房．

（南浦涼介）

Q2　社会科の教科書研究のあり方について述べなさい

1．教科書構成に沿った教材研究

　今日教科書は，教師が授業を行う上で，また子どもが自ら学ぶ学習材として不可欠の媒体となっている。多くの教師が教科書の構成に依拠しながら，年間の学習指導計画を立て，単元の学習展開を構想する。各時間の授業についても，例えば指導内容については『学習指導要領解説』を参照しつつ，教科書に掲載された本文や資料からつかむことのできる知識を見出し，その時間で教えるべき内容を整理する。学習展開についても教科書に掲載された学習課題を解決するために，導入，展開，終結のそれぞれの段階で，どのような問いかけをしながら教科書の記述や資料を扱うかの手順を検討するとともに，内容を構造的に示す板書計画を構想する。

　このような教科書の構成に沿って行う教材研究では，その時間で指導すべき内容についての検討は教科書に書かれている事柄の範囲内に留め，むしろ学習材としての教科書を用いて，どのような方法や手順で学ばせるかを中心に検討を行うこととなる。指導法中心の教科書研究と言えるだろう。教師が持ちうる限られた教材研究の時間内で，指導内容を効率的に整理し，基礎基本とされる事項を確実に伝える手順を探る上では，適した手法と言える。しかしながら，こうした手法にも課題や限界はある。それは授業の主題について，より深い理解を得るために教科書それ自体を批判的に検討し，乗り越えるという視点が存在しないことである。

2．指導法中心の教科書研究の課題 −教科書のもつ社会化機能−

　学校における教科書の活用は，広く社会的な意義をもっている。その一つが，国家や社会における共同体の一員に求められる知識を共有させることで，共同体への帰属意識を醸成するという役割である。例えば，小学校社会科の目標とされる，「地域社会に対する誇りと愛情」を育むために，地域の発展に

尽くした先人の努力が取り上げられるし,「我が国の国土と歴史に対する愛情」を養うために,国家や社会の発展に大きな働きをした人物群が取り上げられる。歴史や社会的事象に関する知識を得ることで,「日本人」や「国民」としてのアイデンティティの形成にも寄与することができるわけである。

しかし一方で,こうした教科書の持つ役割を一つの政治的実践と捉え,批判する立場もある。例えば,森分（1996）は,日本と米国の小学校社会科教科書の内容構成を比較し,日本の教科書は,学習指導要領の目標に規定されている態度－例えば「地域社会の一員としての自覚」－を育む上で必要とされる社会の認識を形成できるよう,扱う事象や事象の捉え方が限定されていると指摘する。態度形成に都合の良い事実やその解釈のみが扱われ,結果として子どもが社会を捉える見方を閉ざすものとなるという批判である。

この他,米国の事例ではあるが,歴史教科書に登場する人物の人種・民族,性別等をめぐる論争が挙げられよう。米国の歴史教科書で扱われてきた人物の多くが,WASPの男性であり,「彼らの貢献こそが米国を発展させてきた」とする歴史の見方について,その偏りや一面性が批判されるとともに,権力をもたずとも様々な形で米国社会を築き上げてきたマイノリティの人種・民族,女性,LGBTの人々による貢献を扱い,米国社会の形成に関する多元的な歴史像を描かせるべきだとの主張がなされてきた。教科書に掲載する歴史上の人物の選択と描き方をめぐる論争は,アイデンティティをめぐる政治とも呼ばれ,教育上の大きな課題にもなっている。

こうした学習指導要領社会科への批判や米国での歴史論争が示唆するのは,学習対象となる事象に何を取り上げ,かつその事象をどのように捉えさせるかということが,教師が意図せずとも,結果として子どもの認識を制約し,特定の価値観や態度の形成へと導くことになるということの問題性である。

3．学びを深めるための批判的方法による教科書研究

社会科教科書は,子どもの学習を支える重要な学習材の一つではあるが,それは唯一の間違いのない捉え方を示すものではなく,あくまで妥当性のある一つの捉え方を表現したものであることを踏まえる必要がある。そのため

教材研究の段階では，学習指導要領解説，教科書の本文や掲載されている資料等の内容を総合的に分析し，教科書が捉えさせようとする事象の捉え方をつかむとともに，それとは異なる事象の捉え方についても，教科書以外の学術的な文献にも広くあたることで理解を深めておきたい。

「批判的教科書研究」（藤瀬, 2014）と呼ばれるこうした教科書研究の方法は，以下の手順をとる。授業の主題となる教科書の見出しから学習課題を立て，教科書にある本文や資料から発見できる答えを探し仮定するとともに，学習課題について他の答え方がないかを教科書外の資料についても検討する。教科書の答え方以外にも，検証され納得のできる他の見方や考え方が存在する場合には，それらを子どもが見出すことができるような資料を用意する。教科書の答えを探求する方法や手順を考えるとともに，その答えだけでは十分に説明できない事実や視点に気づかせるなど，別の見方や考え方の探求へと導く展開についても検討する。こうした教材研究により，子供の社会認識を特定の立場や視点に偏らせない学習過程の設計が可能となるのではないか。

社会科の教科書研究は，子どもが探求活動で教科書を用いて答えを探しつつも，一方で教科書だけでは答えの出せない未知の領域についても検討できるような，批判的リテラシーを育成するものへと転換することが求められる。

参考文献

藤瀬泰司（2014）「批判的教科書活用論に基づく社会科授業作りの方法−教育内容開発研究に取り組む教師文化の醸成」全国社会科教育学会『社会科研究』第80号, pp.21-32.

樋口とみ子（2010）「リテラシー概念の展開−機能的リテラシーと批判的リテラシー」松下佳代編著『〈新しい能力〉は教育を変えるか−学力・リテラシー・コンピテンシー』ミネルヴァ書房, pp.80-107.

森分孝治（1996）「社会科の本質−市民的資質教育における科学性」日本社会科教育学会『社会科教育研究』No.74, pp.60-70.

（溝口和宏）

Q3 社会科の発問研究のあり方について述べなさい

　主体的な学びとなるためには，教師が社会的事象についてただ解説する授業形態を改善していかなければならない。子どもたちが，よりよい社会を考え，主体的に問題解決していく力を身に付けていくために，子どもたちが調べたり，考えたりする学習活動を積極的に組み込んでいく。これらの学習活動を示唆するためには，適切な発問を考えていく必要がある。

　例えば，「わたしたちのまちは，ごみをどのように分けるのか」と発問すれば，地域のごみ分別表を調べる学習につながる。「大名にとって，参勤交代を行う利点はあったのか」と発問すれば，「（欠点はあっただろうけど，）参勤交代の利点は何かあったのか」と考える学習につながる。これらの発問例は，子どもたちに事実を求める。他には，「ガソリン車かハイブリッド車，家の人に購入を勧めるならば，どちらを勧めるか」といった選択・判断を求める発問もある。この発問でも，ガソリン車やハイブリッド車の特徴について調べたり，それらの特徴からどちらの自動車を勧めるのがよいか考えたりする学習につながる。

　本稿では，事実を求める発問，選択・判断を求める発問について整理する。その上で，発問研究のあり方について述べる。

1．事実を求める発問

（1）位置や空間的広がりに関する発問

　「消火栓は，校内のどこにあるのか」や「工業地帯・地域は，どのような場所にあるのか」といった分布や地域，範囲などを問う発問である。「消火栓の位置や数」や「我が国の工業地帯・地域の分布，範囲」を調査したり，日本地図で確認したりするといった学習活動を子どもたちに示唆する。

（2）時期や時間の経過に関する発問

　「参勤交代は，いつどんな理由で始まったのだろうか」や「ご飯の炊き方は，どのようにかわってきたか」といった起源や変化，継承などを問う発問

である。「参勤交代の発祥・由来」や「炊飯に関わる道具の変遷」を年表や資料などから読み取るといった学習活動を子どもたちに示唆する。

（3）事象や人々の相互関係に関する発問

「スーパーマーケットの野菜に「つくった人」の写真を付けるのは，なぜだろうか」や「川をきれいにするために，人々はどんな協力をしているだろうか」といった工夫，関わり，協力などを問う発問である。「野菜に生産者の写真を付けた意図」や「川と地域の人々のかかわり，協力」を取材したり，調査したりするといった学習活動を子どもたちに示唆する。

２．選択・判断を求める発問

「H市のごみ袋有料化に賛成か，反対か」といった，社会にある課題について自分がどう選択するかを問う発問である。「ごみ袋有料化の長所と短所」や「１週間に家庭から出るごみの量」など，様々な事象を統合して，選択する必要が出てくる。考える学習活動だけではなく，「他の市区町村の例」や「周囲の人々はどう考えているか」といった取材したり，調査したりする学習活動を子どもたちに示唆する。

他には，「後継者が少なくなっている祭りを，どのように続けていくことができるだろう」といった，社会にある課題について自分がどう関わるかを問う発問もある。「これからの地域の人口変遷」や「祭りの意義」など，様々な事象を統合して，判断する必要が出てくる。「祭りを継続することは可能か」や「可能だとしたら，どんな条件が必要か」といった考える学習活動を子どもたちに示唆する。

なお，選択・判断を求める発問を用いた場合，子どもたちには選択・判断の根拠を明らかにさせることが大切である。直観で選択・判断を求めると，「なんとなくそう思った」や「みんなが賛成しているから，自分も賛成した」のように，社会の理解が深まったとはいえない学習となる。根拠に基づいて選択・判断ができるようにするためには，事実を豊富に習得しておかなければならない。選択・判断を求める問いを用いる場合，事前や事後に事実を求める発問で選択・判断に必要な事実を習得するよう留意する。

3. 発問研究のあり方

　発問によって，子どもたちの思考のスイッチを入れることができる。発問を考える際は，子どもたちが社会的な見方・考え方を働かせるよう意識しなければならない。つまり，先述の位置や空間的広がりの視点，時期や時間の経過の視点，事象や人々の相互関係の視点のうち，どの視点で思考させるのかを意識することである。その際，気を付けたいことは，発問を介した子どもたちとのやりとりが一問一答式にならないようにすることである。子どもたちは，ただ位置や空間的広がり，時期や時間の経過，事象や人々の相互関係について知っていることを再生するだけの学習になってしまうこともある。子どもたちに知識量を競わせる，暗記型社会科の学習に陥ってしまう。授業において，最も子どもたちにとらえさせたい社会的事象は何か策定をする。その社会的事象をとらえさせるための中心発問を設定し，そのうえで，有効な発問を精選したり，発問のタイミングを構成したりしていく。

　よい教材に出会えたからといって，よい授業ができるわけではない。よい教材をよい発問によって，子どもたちが社会的な見方・考え方を働かせて思考できるよう先導しなければならない。そのためには，「この発問が本当によいのだろうか」といった試行錯誤が必要になる。ましてや，一つの発問で１時間の授業が成り立つわけではない。１時間の授業で，さらには単元を通して，子どもたちに何を思考させていくのか，といった発問構成も綿密に考えていかなければならない。これは一朝一夕でなし得るものではない。目の前の一つ一つの授業で，発問研究を積み重ねていくことが大切である。

参考文献

岩田一彦編（1991）『小学校社会科の授業設計』東京書籍.

澤井陽介・加藤寿朗編著（2017）『見方・考え方［社会科編］』東洋館出版社.

森分孝治（1978）『社会科授業構成の理論と方法』明治図書.

（服部　太）

Q4　社会科の資料研究のあり方について述べなさい

1．社会科における資料研究の重要性

　変化する社会の中で，子どもは，経験的な情報と間接的な情報とを往還することで，実感をもって現実の社会を把握することができる。社会科における資料は，子どもに，間接的な情報を提供する重要な手段の一つである。

　社会科の学習活動の中核は，資料であることは過言ではない。社会科の資料とは，具体的には，現物資料，文章資料，図表資料，統計資料，映像音声資料，絵画写真資料，地図資料や，作品資料といった多様な形態がある。

　社会科では，教師の提示する資料から，子どものつくり出す資料まで，実に多様な資料研究が求められる。

2．社会科における資料研究の背景

（1）社会科の資料の役割

　2017（平成29）年改訂社会科学習指導要領によれば，次の四つの資料の役割があると考える。

　第一に，深い学びの実現のための社会的事象の見方・考え方の活用である。社会科の学習活動は，社会的事象の見方・考え方に基づいて，子どもが問いを見出すための資料を準備することによって成り立つと言える。

　第二に，学習問題の設定に基づく問題解決的な学習の展開である。社会科の学習活動は，子どもの学習問題の設定に基づく問題解決的な学習が中心となっている。多様な資料や調査活動を踏まえた社会的事象の特色や相互の関連，意味の考察の充実は，効果的な問題解決的な学習の過程につながっている。子どもと社会的事象の特色や相互の関連，意味の考察のための資料との出会いの工夫が必要である。

　第三に，社会的事象を調べまとめる技能の育成である。社会科の教科の目標では，社会科で育成を目指す資質・能力の三つの柱のうち「知識・技能」と

して，子どもの「様々な資料や調査活動を通して情報を適切に調べまとめる技能」の習得を掲げている。様々な資料や調査活動を通して情報を適切に調べまとめる技能とは，具体的には，問題解決に必要な社会的事象に関する情報を集める技能，読み取る技能，まとめる技能を指している。これらの技能の育成を目指して，社会科の学習活動では，子どもの多様な資料の活用の手段を想定して，資料を収集する方法，資料の内容，資料の特性に応じた指導の工夫が求められている。

第四に，思考力・判断力・表現力の育成である。このうち，表現力の育成では，資料を手がかりにして，作品や図表などにまとめて，表したりする表現力や，資料を活用して，言語によって調べたことや理解したことをまとめて，表したりする表現力の育成が必要である。社会科の学習活動では，思考力・判断力・表現力の育成を促すための資料の作成や提示が不可欠である。

（2）社会科の資料の取扱い

社会科の教科の目標として，技能では，調査活動や諸資料の活用など手段を考えて問題解決に必要な社会的事象に関する情報を集める技能，読み取る技能，まとめる技能の育成を目指している。情報を収集する手段，情報の内容や，資料の特性に応じた適切な指導と，発達段階に応じた効果的な資料の活用が求められる。

社会科の第3学年及び第4学年では，市や県などの地域における社会的事象に関わる地図帳や各種の具体的資料を取扱う。社会科の第5学年では，我が国の国土や産業などに関わる地図帳や地球儀，統計などの各種の基礎的資料を取扱う。社会科の第6学年では，我が国の政治や歴史，グローバル化する国際社会における我が国の役割などに関わる地図帳や地球儀，統計や年表などの各種の基礎的資料を取扱う。

発達段階に応じて，これらの資料を活用することで，社会的事象に関する情報を調べてまとめる技能を身に付けていく。

3．社会科における資料研究の方法

社会科の資料研究では，社会科の単元開発にあたって，単元観の確立が何

より前提となる。教師の子ども観，教材観，指導観の確立によって，社会科の単元の目標，内容や方法に応じた資料の活用の目的が提示される。さらに，実際の社会科の学習活動において，効果的な資料の活用が可能となる。

社会科の資料研究には，次の二つの段階がある。

第一に，教材研究段階である。教材研究段階では，「資料を収集する」「資料を作成する」ことを考える。先述した資料の役割や取扱いを踏まえて，社会的事象の見方・考え方の活用を促す資料，学習問題に基づき社会的事象を調べまとめる技能の育成を目指す資料，思考力・判断力・表現力の育成を目指す資料や，各学年の目標や内容に相応で具体的な資料という観点で研究することが大切である。

第二に，単元開発・実践段階である。単元開発・実践段階では，「資料を提示する」「資料を選択する」「資料を活用する」ことを考える。社会科の単元開発の際に，学習指導の内容や学習過程の段階に応じて，明確に資料を位置付けることが大切である。

4．新たな時代の社会科教師に求められる資料研究

これからの社会科教師に必要な資質・能力の一つに，「情報を適切に収集し，選択し，活用する能力」が挙げられる。変化する社会において，社会科教師自身もまた，課題を発見し，情報を収集し，情報を整理し，分析する能力が，ますます求められている。これらの能力の向上と社会科における資料研究は，不可分に密接に結びついている。新たな時代に向けて，子どもとともに学び続け，成長する社会科教師として，組織的，継続的で協働的な資料研究を行うことが期待されている。

参考文献

佐々木昭（1999）『社会科教育の研究』学文社.

山田剛史・林創（2011）『大学生のためのリサーチリテラシー入門－研究のための8つの力』ミネルヴァ書房.

（磯山恭子）

Q5　社会科のICT活用のあり方について述べなさい

1．教科指導におけるICT活用とその課題

　令和元年12月，2017（平成29年）年版学習指導要領の改訂に対応した「教育の情報化に関する手引」が公表された。初めて「情報活用能力」が学習の基盤となる資質・能力として位置付けられたこと，新たにプログラミング教育推進のための章が設けられたこと等，注目すべき事項もあるが，これまでの手引きと同様に，教育の情報化に関する主たる内容は，次の3点に集約されている。第1は，「情報活用能力」の育成，第2は，教科等の指導におけるICTの活用，第3は，校務の情報化の推進である。特に，第2は，教科の目標（ねらい）を達成するためにICTを有効に活用することであり，「情報活用能力」やICT技能のみの育成を主目的とした指導とは区別して考えることが重要である。

　また，その中で社会科のICTを活用した学習について，「児童一人一人が自ら問題意識をもち，問題解決の見通しを立て，必要な情報を収集したり，収集した情報を読み取ったり，読み取った情報を分類・整理してまとめたりする学習活動を構成することが大切となる」と指摘し，第3学年を事例に，次の3点のICT活用場面を例示している。①見学により問いの解決に必要な情報を収集し，収集した情報を基に話し合う場面，②調査活動により問いの解決に必要な情報を収集し，収集した内容を繰り返し吟味する場面，③各自がまとめた地図を1つにまとめ，関連付けて考える場面，である。

　しかし，これらの学習場面にICTを活用しただけで，学習が深まるとは言えないであろう。「2020年代に向けた教育の情報化に関する懇談会　最終のまとめ」において，「各教科等の学びにどのようにICTを活用すれば学びが深まるのか，どのように授業でのICT活用を進めていくべきかが不明確であり・・・」等の課題が指摘されているように，教科の学びに応じた具体的な授業場面での指導技術との関連を明確にする必要があると言える。実際，単に

ICTを活用すれば社会科授業が上手くいくわけではなく，ICTの活用は，学習者の状況に応じたタイミングや見せかた，また，発問や指示などの具体的な指導技術に依存しているのである。したがって，ICTの授業における活用は，学習者の状況を踏まえた上で，どのような場面で効果的に指導に生かすことができるのか，教師自身が省察し，授業構成の工夫を図ることが課題となる。

2．社会科における ICT 活用の観点

上記の課題と共に，ICT活用の前提として，ICTはあくまでも情報通信技術であり，そのような技術を具現化したメディア（媒体）こそが検討すべき課題であることも見逃せないポイントである。なぜなら，技術を実体のあるメディアと捉えることで，ICTメディアを作成（形成）する発信者や受け取る受信者との関係性や両者に影響を与える社会的背景を追究する社会科特有の学習を具体的なメディアを中心に構成することが可能となるからである。

このようなICTメディアを活用する社会科授業では，「ICTメディアで学ぶ」と「ICTメディアを学ぶ」といった双方の概念でICTの活用を図ることが大切である（松岡，2012）。

「ICTメディアで学ぶ」とは，ICTメディアの方法論的活用である。教師や児童が，ICTの技術的特徴を生かしたメディア（双方向性を持ったタブレット型PCやソーシャルメディア等，また，授業構成において双方向性を持たせて活用されるプロジェクターや電子黒板等）を活用し，学習問題を個別に，また，協同で追究する場面での活用を図ることで，従来の学習より一層，社会科の内容面の獲得や目標（ねらい）が達成されることが期待できる。

また，「ICTメディアを学ぶ」とは，メディアの内容論的活用である。ICTメディアが存在する社会（Society5.0やAI社会，情報化社会など）を学習対象とし，その問題点を批判的に追究させることを通して，ICTメディアが存在する社会構造を多面的に認識する力や批判的に分析する力，そして，問題点の改善を図る対案を構築したり提案したりする力，などが育成されること

が期待できる。

　以上のように，ICTメディアを活用した授業を方法論的観点と内容論的観点から捉え直すことで，社会科特有のICTを活用した授業のあり方が明らかになるのである。

参考文献

文部科学省（2019）「教育の情報化に関する手引き」（https://www.mext.go.jp/content/20191219-mxt_jogai01-000003284_002.pdf）2020年7月24日閲覧.

文部科学省（2016）「2020年代に向けた教育の情報化に関する懇談会　最終のまとめ」（https://www.mext.go.jp/b_menu/houdou/28/07/__icsFiles/afieldfile/2016/07/29/1375100_01_1_1.pdf）2020年7月24日閲覧.

松岡靖（2012）「Chapter13 ICTリテラシーの育成（メディアを取り入れた授業）」『若い教師のための小学校社会科Chapter15』梓出版.

（松岡　靖）

Q6　社会科の単元計画のあり方について述べなさい

1．単元計画の設定と社会科の目標・内容

　教師は，社会科の単元計画を立てる上で，学習指導要領（以下，要領と略す）や教科書の構成，社会諸科学の成果に精通しておくとともに，子どもの生活経験や既有知識を把握したり教材研究で現地調査や資料収集をしたりすることによって，子どもや教材，授業に理解を深めて内容や時間のまとまりを見通せるようになっておかなくてはならない。

（1）単元計画の設定と社会科の目標・内容

　要領では，社会科において育成をめざす資質・能力を「知識及び技能」「思考力，判断力，表現力等」「学びに向かう力，人間性等」の３つの柱に沿って明確にしている。教師は要領に記された目標と内容，子どもが学習する社会的事象やその取り扱い，配慮事項を検討して，これらの資質・能力を育成する授業の展開を筋道立てつつ単元計画の立案を進めねばならない。

　例えば，子どもが学習を通じて「理解したこと」を使えるようになるには，教師が彼らに「理解させたいこと」を明確にし，使う場面を単元計画に盛り込んでおく必要がある。要領では，彼らに「理解させたいこと」に社会で使うことのできる応用性や汎用性のある概念も含めることを求めている。教師は子どもが社会生活を深く理解できるように，地域や我が国の地理的環境，歴史や伝統と文化，現代社会の仕組みや働きについて，現地調査などによって具体的な事実や情報を関係者から聞きとるだけでなく，社会諸科学の成果ではどのように捉えられたり記されたりしているのかを確認して，それらを授業に反映させた計画を立てなくてはならない。

（2）単元計画の設定と教科書

　単元計画を立てる際には，教科書を参照することが大切である。教科書は学習内容とそれを学ぶための事例を研究して，子どもが学ぶにふさわしいと考えられる単元の展開案を示しているからである。だが教師は「教科書を教

える」ことに陥らないように，取り上げる教材事例，単元の展開を参考にする，掲載された資料を活用するだけに留めて，子どもに身体的かつ心理的に身近で，具体的でわかりやすい教材をもって子どもが学習を進めていけるように計画を立てなくてはならない。

（3）単元計画の設定と年間指導計画

要領では，教師が各学年の目標，内容とそれらの枠組みを踏まえて教材事例の取り上げ方を工夫して内容に重複や偏りが生じないようにしたり授業時間数の配分に軽重をつけたり，また社会科指導の特質に応じた言語能力の確実な育成，伝統や文化に関する教育の充実，体験活動の充実などを考慮したりして，年間での指導を見通して効率的・効果的な指導を計画することが求められている。

2．社会科の単元計画と「主体的・対話的で深い学び」

（1）単元計画における「主体的な学び」「対話的な学び」

社会科がめざす資質・能力を育成するには，子どもや学校の実態，指導の内容に応じて「主体的な学び」「対話的な学び」「深い学び」の視点での授業改善を踏まえて単元計画を立てなくてはならない。まず教師は子どもにとっての社会科における「深い学び」とは何か，それらが授業でめざす資質・能力の育成にどのようにつながるのかを検討した上で，子どもや地域の実態，教材の特性を踏まえて「主体的な学び」「対話的な学び」を組み込んだ単元計画を立てていく。「主体的な学び」を実現するには，子どもが学習課題を把握しその解決への見通しをもったり，学習内容・活動に応じた振り返りの場面を設定して表現したりと自分の学びや変容を自覚できるようにして子どもの主体性を引き出すなどの工夫をする必要がある。「対話的な学び」を実現するには，実社会で働く人々が連携・協働して社会に見られる課題を解決している姿を調べたり実社会の人々の話を聞いたりする場面を，また社会に見られる課題を把握して，その解決に向けて社会への関わり方を選択・判断する場面を設定したりして，子どもが他者と共有する課題への答えを求めて対話したくなる状況をつくる必要がある。

（2）単元計画における「深い学び」

　社会科で「深い学び」を実現するには，物事を捉える視点や考え方である「社会的な見方・考え方」を，習得・活用・探究という学びの過程で子どもが働かせることができるように単元を計画しなくてはならない。要領では小学校社会科における「社会的な見方・考え方」は，課題を追究したり解決したりする活動において，社会的事象等の意味や意義，特色や相互の関連を考察したり，社会に見られる課題を把握して，その解決に向けて構想したりする際の「視点や方法」と整理された。子どもが見方・考え方を働かせて，位置や空間的な広がり，時期や時間の経過，事象や人々の相互関係に着目して社会的事象を捉え，比較・分類したり総合したり，地域の人々や国民の生活と関連付けたりすることが「深い学び」の実現に近づく手がかりになるのである。ただ「深い学び」はあくまで手段に過ぎず，教師がめざすべきは社会科に期待される資質・能力の育成である。

3．単元計画と授業実践

　これまでのことを踏まえて，教師が納得できる社会科の単元計画を作成できたとしても，それらが常に期待した成果を得られるとは限らない。教師が目標を達成するために計画通りに授業を実践することも大切であるが，子どもの学びの流れに応じて臨機応変に対応する柔軟さを備えておくことも大切である。そして授業の成否にかかわらず，教師は自らの取り組みを省みて「最善」を得られるよう，授業改善に取り組まねばならない。

参考文献
澤井陽介・加藤寿朗編著（2017）『見方・考え方［社会科編］』東洋館出版社.
社会認識教育学会編（2019）『小学校社会科教育』学術図書出版社.

（小田泰司）

Q7　社会科の指導案作成について述べなさい

1．小学校社会科学習指導と指導案の作成

　一般的に，指導案とは，「教師が授業を行う際に立てる指導計画を一定の形式で記述したもの」と言われる。指導計画には，①年間指導計画，②単元指導計画，③１時間の指導計画（本時案）が存在するが，指導案と言った場合は，②と③から構成されるものを細案，③のみを略案と呼ぶことが多い。

　2017（平成29）年改訂の学習指導要領では，「問題解決的な学習」を重視しているが，その際の指導計画の作成について次のように述べる。すなわち，「単元など内容や時間のまとまりを見通して，その中で育む資質・能力の育成に向けて，児童の主体的・対話的で深い学びの実現を図るようにすること。その際，問題解決への見通しを持つこと，社会的事象の見方・考え方を働かせ，事象の特色や意味などを考え概念などに関する知識を獲得すること，学習の過程や成果を振り返り学んだことを活用することなど，学習の問題を追究・解決する活動の充実を図ること。」である。したがって，社会科では，単元を通して学習問題を追究・解決する学習を創造するための指導案の作成が求められている。そこで，以下では，「小学校社会科学習指導案の構成」と「『問題解決的な学習』を充実させるための指導案の作成」の２点に言及する。

2．小学校社会科学習指導案の構成

　指導案の構成は，教育活動が行われている地域や学校によって違いがあるため，統一されたものは存在しない。しかしながら，指導案は，表8-7-1に示すように，「Ⅰ．単元名（学年）」「Ⅱ．単元設定の理由」「Ⅲ．単元目標」「Ⅳ．単元展開（時間）」「Ⅴ．本時案」等から構成されるのが一般的である。

　「Ⅰ」では，単元名と対応する学年を示す。「Ⅱ」では，単元を設定した理由について，「教材化の視点」を踏まえて記述する。「教材化の視点」は，「学習指導要領における目標と内容」「児童の実態」「素材の検討」を通して，

```
┌─────────────────────────────────────────────────────────────────────┐
│ Ⅰ．単元名（学年）                                                      │
│ Ⅱ．単元設定の理由                                                      │
│ Ⅲ．単元目標                                                            │
│ （1）                                                    （知識・技能）  │
│ （2）                                          （思考力・判断力・表現力等）│
│ （3）                                          （学びに向かう力・人間性等）│
│ Ⅳ．単元展開（時間）                                                    │
└─────────────────────────────────────────────────────────────────────┘
```

段階	学習活動	教師の指導・援助	評価基準・評価方法	時間	資料
課題把握	単元の学習問題				
課題追究					
課題解決					

Ⅴ．本時案
（1）目標
（2）展開

段階	学習活動	予想される児童の反応	教師の指導・援助	時間	留意点
導入	学習問題				
展開					
終末			評価		

図8-7-1　指導案の構成（例）（筆者作成）

「素材の価値を見極めて教材化」するための視点である。「Ⅲ」では，「知識・技能」「思考力・判断力・表現力等」「学びに向かう力・人間性等」の３観点から，この単元で児童につける力を明記する。「Ⅳ」では，「Ⅲ」を達成するための単元展開を設定する。単元展開は，主に「段階」「学習活動」「教師の指導・援助」「評価基準・評価方法」「時間」「資料」等から構成される。この際，「課題把握」「課題追究」「課題解決」の段階からなる学習過程において，如何に，児童の追究を促進するための「学習問題」を設定するが鍵になる。「学習問題」は，一人ひとりの児童が自分の問題だと感じて追究するようなものが望ましいが，追究する内容によって違いがある。例えば，「〜はどんなだろう」のような社会的事象の仕組みや状態を追究する「事実追究型」，「なぜ〜だろう」のように，社会的事象の背景や要因を追究する「論理追究型」，「本当は〜なのではないか」のように，社会的事象の本質的な意味や価値を考えたり判断したりする「思考・判断型」のようなタイプがある。最後

に,「V」では,「Ⅲ」の中から取り上げた1時間分の学習計画である本時案を記述する。本時案は,「(1) 目標」と「(2) 展開」からなる。「(2)」は,「導入」「展開」「終末」からなる「段階」と「学習活動」「予想される児童の反応」「教師の指導・援助」「時間」「留意点」等から構成される。ここでは,「(1) 目標」を達成するための「学習問題」の設定と評価の位置付けを如何に行うかがポイントとなる。

3.「問題解決的な学習」を充実させるための指導案の作成

「問題解決的な学習」を充実させる指導案作成の留意点は次の2つである。

1つ目は,単元と本時における目標と評価を明確にし,位置付けることである。目標と評価を明確化することは,単元を終えた時,子どもたちのどのような育ちがそこにあるのかをイメージして授業を構想することを意味する。これにより,子どもたちにとって意味ある学びが展開される。そのため,教師は,子どもたちの追究が促進される学習問題を設定するために,日頃から入念な子ども研究と教材研究を行うことが大切になる。

2つ目は,めりはりのある学習過程を組織することである。学習過程は,ただ活動するのではなく,一つ一つの活動の意味を明確にし,追究の見通しを持った学習が展開できるように配慮することが望ましい。一方で,教師が学習過程の形式にこだわりすぎると,子どもたちの意欲を削いでしまうこともある。したがって,「問題解決的な学習」を充実させるためには,めりはりのある学習過程を組織しつつも,あくまでも子どもたちが主体的に追究することが大前提であることを忘れずに,柔軟に対応することが大切である。

参考文献

文部科学省 (2018)『小学校学習指導要領(平成29年告示)解説社会編』日本文教出版.

長野県教育委員会編 (2010)『長野県小学校教育課程学習指導手引書 社会科編』しんきょうネット.

(篠﨑正典)

主な参考文献

学習指導要領関連の主要文献

文部科学省（2018）『小学校学習指導要領（平成29年告示）』東洋館出版社。

文部科学省（2018）『小学校学習指導要領（平成29年告示）解説社会編』日本文教出版。

北俊夫・加藤寿朗編著（2017）『平成29年版小学校新学習指導要領の展開社会編』明治図書。

北俊夫編著（2018）『平成29年改訂小学校教育課程実践講座社会』ぎょうせい。

澤井陽介（2018）『小学校新学習指導要領社会の授業づくり』明治図書。

安野功編著（2017）『小学校新学習指導要領ポイント総整理社会』東洋館出版社。

安野功（2018）『安野功がズバッと解説！－学習指導要領解説をわかりやすく読み解きます！』日本文教出版。

社会科関連学会の主要文献

社会系教科教育学会編（2019）『社会系教科教育学研究のブレイクスルー－理論と実践の往還をめざして』風間書房。

社会系教科教育学会編（2010）『社会系教科教育研究のアプローチ－授業実践のフロムとフォー』学事出版。

社会認識教育学会編（2012）『新社会科教育学ハンドブック』明治図書。

社会認識教育学会編（2006）『社会認識教育の構造改革－ニュー・パースペクティブにもとづく授業開発』明治図書。

全国社会科教育学会編（2015）『新社会科授業づくりハンドブック小学校編』明治図書。

全国社会科教育学会編（2011）『社会科教育実践ハンドブック』明治図書。

全国社会科教育学会編著（2007）『小学校の"優れた社会科授業"の条件』明治図書。

日本グローバル教育学会（2007）『グローバル教育の理論と実践』教育開発研究所。

日本公民教育学会編（2009）『公民教育事典』第一学習社。

日本国際理解教育学会編著（2015）『国際理解教育ハンドブック－グローバル・シティズンシップを育む』明石書店。

日本国際理解教育学会編著（2012）『現代国際理解教育事典』明石書店。

日本国際理解教育学会編著（2010）『グローバル時代の国際理解教育－実践と理論をつなぐ』明石書店。

日本社会科教育学会編（2018）『社会科教育と災害・防災学習－東日本大震災に社会科はどう向き合うか』明石書店。

日本社会科教育学会編（2016）『社会科教育の今を問い，未来を拓く－社会科（地理歴史科，公民科）授業はいかにしてつくられるか』東洋館出版社。

日本社会科教育学会編（2008）『社会科授業力の開発小学校編－研究者と実践家のコラボによる新しい提案』明治図書。

日本地理教育学会編（2006）『地理教育用語技能事典』帝国書院。

社会科教育関連テキストの主要文献

社会認識教育学会編（2019）『小学校社会科教育』学術図書出版社。

日本公民教育学会編（2019）『テキストブック公民教育新版』第一学習社。

中平一義・茨木智志・志村喬編著（2019）『初等社会科教育研究』風間書房。

原清治・春日井敏之・篠原正典・森田真樹監修，中西仁・小林隆編著（2018）『初等社会科教育』ミネルヴァ書房。

吉田武男監修，井田仁康・唐木清志編著（2018）『初等社会科教育』ミネルヴァ書房。

本巻執筆者関連の主要文献

梅澤真一（2019）『梅澤真一の「深い学び」をつくる社会科授業5年』東洋館出版社。

大友秀明・桐谷正信編（2016）『社会を創る市民の教育－協働によるシティズンシップ教育の実践』東信堂。

片上宗二・木村博一・永田忠道編（2011）『混迷の時代！"社会科"はどこへ向かえばよいのか－激動の歴史から未来を模索する』明治図書。

唐木清志編著（2016）『「公民的資質」とは何か－社会科の過去・現在・未来を探る』東洋館出版社。

唐木清志（2008）『子どもの社会参加と社会科教育－日本型サービス・ラーニングの構想』東洋館出版社。

須本良夫・田中伸編著（2017）『社会科教育におけるカリキュラム・マネジメント－ゴールを基盤とした実践及び教員養成のインストラクション』梓出版社。

須本良夫編著（2012）『若い教師のための小学校社会科 Chapter15』梓出版社。

筑波大学附属小学校社会科教育研究部（2015）『筑波発社会を考えて創る子どもを育てる社会科授業』東洋館出版社。

永田忠道・池野範男編著（2014）『地域からの社会科の探究』日本文教出版。

橋本康弘編著（2009）『教室が白熱する"身近な問題の法学習"15選－法的にはど

うなの?子どもの疑問と悩みに答える授業』明治図書。

橋本康弘・野坂佳生編（2006）『"法"を教える−身近な題材で基礎基本を授業する』明治図書。

峯明秀・唐木清志編著（2020）『子どもと社会をつなげる！「見方・考え方」を鍛える社会科授業デザイン』明治図書。

森茂岳雄・川﨑誠司・桐谷正信・青木香代子編著（2019）『社会科における多文化教育−多様性・社会正義・公正を学ぶ』明石書店。

山下真一（2019）『山下真一の「深い学び」をつくる社会科授業6年』東洋館出版社。

山下真一（2016）『「授業構造図」でよくわかる！小学校社会科 はじめての問題解決的な授業づくり』明治図書。

新・教職課程演習　第11巻
初等社会科教育

編著者・執筆者一覧

［編著者］

唐木清志　筑波大学人間系教授，博士（教育学）。
　著書：『アメリカ公民教育におけるサービス・ラーニング』（東信堂，2010年），（編著）『「公民的資質」とは何か−社会科の過去・現在・未来を探る−』（東洋館出版社，2016年）。

永田忠道　広島大学大学院人間社会科学研究科准教授，博士（教育学）。
　著書：『大正自由教育期における社会系教科授業改革の研究』（風間書房，2006年），（共編著）『地域からの社会科の探究』（日本文教出版，2014年）。

［執筆者］（50音順）

磯山恭子	（国立教育政策研究所教育課程調査官）
伊藤公一	（広島大学附属東雲小学校教諭）
梅澤真一	（筑波大学附属小学校教諭）
岡田了祐	（お茶の水女子大学教学 IR・教育開発・学修支援センター講師）
小田泰司	（福岡教育大学教育学部教授）
小野智一	（東京福祉大学保育児童学部准教授）
鎌田公寿	（常葉大学教育学部准教授）
神野幸隆	（香川大学教育学部准教授）
桐谷正信	（埼玉大学教育学部教授）
久保園梓	（筑波大学人間系特任研究員）
熊田禎介	（宇都宮大学共同教育学部准教授）
佐藤　公	（明治学院大学心理学部准教授）
篠﨑正典	（信州大学学術研究院（教育学系）准教授）
須本良夫	（岐阜大学教育学部教授）
坪田益美	（東北学院大学教養部准教授）
得居千照	（筑波大学大学院人間総合科学研究科博士後期課程学校教育学専攻）
新谷和幸	（長崎大学大学院教育学研究科准教授）
西川京子	（福山平成大学福祉健康学部准教授）
橋本康弘	（福井大学学術研究院教育・人文社会系部門教授）
服部　太	（大阪青山大学健康科学部准教授）

松岡　靖（京都女子大学発達教育学部教授）

溝口和宏（鹿児島大学法文教育学域教育学系教授）

南浦涼介（東京学芸大学教育学部准教授）

峯　明秀（大阪教育大学高度教職開発系教授）

宮崎沙織（群馬大学共同教育学部准教授）

山下真一（筑波大学附属小学校教諭）

呂　光暁（仙台白百合女子大学人間学部講師）

渡邉　巧（広島大学大学院人間社会科学研究科准教授）

新・教職課程演習　第11巻

初等社会科教育

令和3年6月8日　第1刷発行

編著者	唐木清志 ©
	永田忠道 ©
発行者	小貫輝雄
発行所	協同出版株式会社
	〒101-0054　東京都千代田区神田錦町 2-5
	電話　03-3295-1341（営業）　03-3295-6291（編集）
	振替　00190-4-94061
印刷所	協同出版・POD工場

ISBN978-4-319-00352-5

新・教職課程演習

広島大学監事 野上智行 編集顧問
筑波大学人間系教授 清水美憲／広島大学大学院教授 小山正孝 監修
筑波大学人間系教授 浜田博文・井田仁康／広島大学名誉教授 深澤広明・広島大学大学院教授 棚橋健治 副監修

全22巻 A5判

協同出版